Mont

für Eltern

Der Leitfaden für das gesunde Aufwachsen Ihres Kindes im Alter von 0 bis 3 Jahren. Stimuliere den Verstand mit 125+ praktischen Entwicklungs- und sensorischen Aktivitäten

Serena De Micheli

INHALTSVERZEICHNIS

Einführung

Wenn Sie dieses Buch in Ihren Händen halten, dann deshalb, weil Sie wahrscheinlich von der Montessori-Methode gehört haben und sie Ihnen als revolutionär in Bezug auf die Kindererziehung beschrieben wurde.

Aber worin besteht diese Methode? Welche Vorteile haben Sie, wenn Sie sie auf das Wachstum und die Bildung Ihres Kindes anwenden? Gibt es wissenschaftliche Beweise dafür, dass die Montessori-Methode die beste Erziehungsmethode überhaupt ist? Welche Montessori-Aktivitäten können Sie Ihrem Kind anbieten, um ihm zu helfen, seine Fähigkeiten zu entwickeln?

Dieses Buch hilft Ihnen, die Montessori-Methode nicht nur in all ihren Aspekten kennenzulernen, sondern auch praktische Aktivitäten mit Ihrem Kind durchzuführen und günstige Bedingungen zu schaffen, die es anregen, das Beste aus sich selbst herauszuholen, damit es sein volles Potenzial entfalten kann. Dieses Buch ist in zwei Teile gegliedert:

- im ersten Teil wird erklärt, wer Maria Montessori war, woraus ihre Methode besteht, warum diese Methode in der Vergangenheit revolutionär war und auch heute noch ist; außerdem werden die Entwicklungsstadien von Kindern im Alter von 0 bis 3 Jahren, ihre Bedürfnisse in den verschiedenen Wachstumsphasen und die Rolle der Eltern in diesem Prozess eingehend untersucht;
- der zweite Teil befasst sich mit der praktischen Anwendung der Prinzipien der Montessori-Methode mit Hilfe von über 125 Aktivitäten zu Hause und im Freien und über 30 Rezepten, die Ihnen helfen werden, den Verstand Ihres Kindes zu stimulieren und es in seinem Wachstum und seiner immer mehr autonomen und unabhängigen Entwicklung zu begleiten.

Wir schließen diese kurze Einführung mit den Worten von Maria Montessori, die uns bei der Erstellung dieses praktischen und effektiven Leitfadens für alle neuen Mütter und neuen Väter, die nach Anregungen für ihre Kinder suchen, geleitet hat:

> *«Das Kind hat seine eigenen Entwicklungsgesetze, und wenn wir ihm beim Wachsen helfen wollen, müssen wir ihm folgen und uns ihm nicht aufdrängen.»*[1]

Viel Spaß beim Lesen!

---

[1] M. MONTESSORI, *La mente del bambino*, Garzanti, Milano, 1952, 161.

Teil I: Die Montessori-Methode

Kapitel I: Wer war Maria Montessori

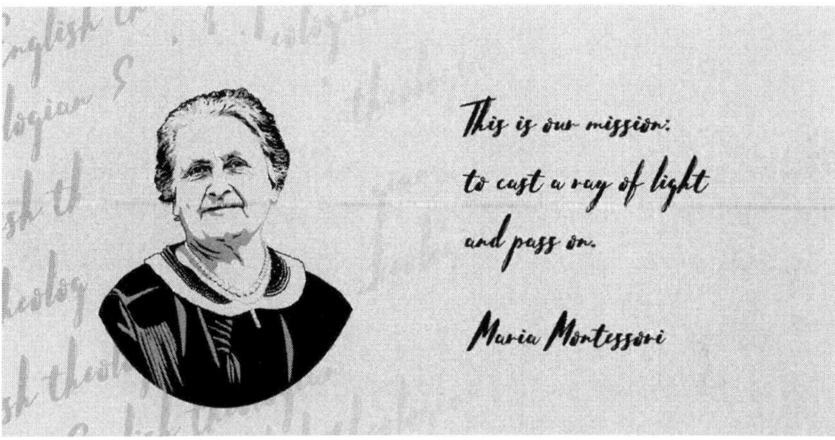

Maria Montessori und die Geburt ihrer Methode

Maria Tecla Artemisia Montessori wurde am 31. August 1870 in Chiaravalle geboren. Sie war eine italienische Erzieherin, Pädagogin, Philosophin, Ärztin, Kinderneuropsychiaterin und Wissenschaftlerin. Als eine der ersten Frauen, die in Italien ein Medizinstudium absolvierte, musste sie sich vielen Vorurteilen seitens der Wissenschaftsgemeinschaft stellen, die damals nur aus Männern bestand; Diese Hartnäckigkeit führte dazu, dass sie in den feministischen Bewegungen der Zeit sehr aktiv war.

1903 wurde sie zur Assistenzärztin zweiter Klasse in den Funktionen des Verwaltungsstabs des italienischen Roten Kreuzes ernannt, der für die Dienste der Territorialkrankenhäuser zur Verfügung stand. Ihre Laufbahn in der Schulpädagogik begann 1904, unmittelbar nachdem sie eine Dozentur in

Anthropologie erzielt hatte, die ihr die Möglichkeit gab, sich mit der pädagogischen Organisation von Kindergärten zu befassen.

In Rom wurde Montessori auf die sozialen Probleme aufmerksam, die dazu führten, dass Menschen ihre Kinder in einem heruntergekommenen Zustand zurückließen oder sie verließen. Marias Interessen verlagerten sich dann von der Sozialmedizin auf die Behandlung psychischer Störungen bis hin zur Betreuung von geistesschwachen Kindern, also Kindern mit einer im Vergleich zur Norm reduzierten Fähigkeit, mit dem sozialen Umfeld zu interagieren. Damals genügte es, wenn die Kinder arm und sich selbst überlassen waren, sie in eine Anstalt für Geisteskranke zu sperren. Ein Kind, das in einem heruntergekommenen Zustand gelassen wurde, konnte seine Fähigkeiten und seinen Charakter oft nicht wie andere Kinder entwickeln; Aus diesem Grund wurde dieses, wenn es soziale oder Lernstörungen hatte, als "frenasthenisch" definiert, in eine Aufnahmeanstalt eingesperrt und es wurde angenommen, dass es unmöglich war, dieses Kind zu erziehen.

Maria Montessori begann sich für diese Kinder zu interessieren und studierte ihr Verhalten intensiv, um zu verstehen, dass die Kleinen etwas tun und Kontakt mit der Welt aufnehmen mussten, um Körper und Verstand zu entwickeln. Ihr Problem war also kein medizinisches, sondern ein pädagogisches, und der Ausschluss dieser Kinder war sozial, historisch und umweltbedingt; vor allem aufgrund schlechter Lebensbedingungen, prekärer Hygienesituationen und die sowohl materiell als auch psychisch arme Familien. Die Ausbeutung der proletarischen Klasse, die Unwissenheit und der Analphabetismus der Erwachsenen waren weitere Faktoren, die den körperlichen und moralischen Verfall ganz normaler Kinder begünstigten. Maria erkannte, dass ein schmutziges, krankes, hungriges und ausgebeutetes Kind das Spiegelbild seiner Familie war, die die gleichen Eigenschaften aufwies; sie beschloss daher, diese Kinder, die sich selbst überlassen waren, in eine Umgebung zu bringen, die sie stimulierten und ihnen die notwendigen Werkzeuge zur Verfügung stellen konnten, um sowohl den Körper als auch den Verstand zu entwickeln. So entstand ihre Methode: eine erzieherische

Praxis, durch die das frenasthenische Kind, das ständigen Reizen ausgesetzt war, in der Lage war, manuelle und intellektuelle Arbeit zu leisten und berufliche Fähigkeiten zu erwerben, die es zu einem nützlichen Element für die Gesellschaft machten. Die Kinder, gefolgt von Maria Montessori, schafften das Staatsexamen zusammen mit ihren "normalen" Altersgenossen; Sie wurden, wie die anderen, Lese-, Schreib- und Rechentests unterzogen, und einige von ihnen erwiesen sich als sogar besser als die sogenannten "normalen Kinder" in der öffentlichen Schule[2] .

1897 erhob Maria Montessori während eines Nationalen Medizinkongresses in Turin ihre erste ausdrückliche Anklage gegen die Gesellschaft und die wirtschaftlichen, politischen und moralischen Strukturen, die sich nicht um arme Kinder kümmerten, die sie sofort als „zurückgeblieben" und „gestört" einstuften ohne ihnen jede Art von Hilfe und Unterstützung zu geben. Die Möglichkeit der Selbstverwirklichung durch die eigenen Fähigkeiten wurde von der Gesellschaft nicht als Grundrecht des Individuums anerkannt. Marias Ziel war es, die Gesellschaft zu verändern, indem sie Kindern mit psychischen Problemen half, und sie glaubte, dass dies dank der Entwicklung einer auf wissenschaftlichen Prinzipien basierenden Erziehungsmethode möglich war. Ihr Interesse beschränkte sich nicht auf marginalisierte Kinder, sondern ging weit darüber hinaus; Tatsächlich versuchte sie zu verstehen, warum "normale" Kinder in öffentlichen Schulen auf einem so niedrigen Lernniveau blieben, dass sie in den Intelligenztests mit den Kindern gleichgestellt wurden, die zu dieser Zeit und unter diesen sozialen Bedingungen als "nicht normal" galten. Sie verstand, dass eine radikale Veränderung in der Bildung erforderlich war und dass diese Veränderung zu einer Transformation der Gesellschaft führen konnte. So begann Maria Montessori, indem sie die direkte Arbeit in den Klassenzimmern beobachtete, eine **wissenschaftliche Pädagogik** zu entwickeln, die vor allem darauf beruhte, sich um das Kind in seiner Komplexität zu kümmern, unter Berücksichtigung der verschiedenen

---

[2] Damals galten Kinder mit Lernschwierigkeiten als „nicht normal", weil sie sich von denen unterschieden, die die öffentliche Schule besuchten.

Faktoren, die es beeinflussen, wie: der soziale Kontext, in dem das Kind lebt, die körperliche Gesundheit und die sozialen Bedingungen.

1907 trugen die Barone Alice und Leopoldo Franchetti zur Eröffnung des ersten Kinderheims in Rom bei. Nur wenige Jahre später schrieb Maria auf Drängen der Franchetti die erste Ausgabe ihrer berühmten Methode: Die Methode der wissenschaftlichen Pädagogik für die Säuglingserziehung in Kinderheimen (Città di Castello, Scipione Lapi, 1909) und widmete sie den beiden Ehegatten. Im gleichen Zeitraum leitete sie auch den ersten Lehrerfortbildungskurs zur Montessori-Methode in Città di Castello. Im Anschluss an diesen Kurs weihte Baronin Franchetti in der Villa Montesca ein „Kinderhaus" ein.

Zu den ersten aufstrebenden Persönlichkeiten der Gesellschaft, die die Montessori-Methode für die Erziehung von Kindern übernahmen, gehörte die Marquise Romeyne; Ihre drei Kinder fungierten buchstäblich als „Versuchskaninchen", um die im Sommer 1909 in der Villa Montesca erprobten Montessori-Materialien zu testen. Zu Beginn des Herbstes desselben Jahres beschloss die Marquise, die Montessori-Methode nicht nur im Unterricht in der Grundschule in Pischiello in Umbrien anzuwenden, sondern auch, um die ernsten Bedingungen der kulturellen Rückständigkeit der einheimischen Kinder auszugleichen.

Maria Montessori reiste um die Welt, um ihre pädagogische Theorie zu verbreiten. Sie musste Italien aus politischen Gründen verlassen und hatte ihren größten Erfolg in den Vereinigten Staaten; 1913 präsentierte die New York Tribune Maria Montessori als die interessanteste Frau Europas. Seitdem hat ihre Methode in Nordamerika großes Interesse geweckt. Während ihrer Indienreise entstand die Montessori-Bewegung, aus der 1924 die „Montessori Magistral School" und die „Montessori National Opera" hervorgehen; letzteres zielte auf die Kenntnis, Verbreitung, Anwendung und den Schutz ihrer Methode ab.

Verbreitung der Montessori-Methode

Die Reisen um die Welt haben es Maria Montessori ermöglicht, ihre Methode in viele Länder zu exportieren, darunter die Vereinigten Staaten, Deutschland, Holland und Indien. Aber welche sind die Gründe, warum ihre Methode im Ausland so geschätzt und verbreitet wurde?

Im vorigen Absatz haben wir erwähnt, wie steif und streng die Schule damals war; In einer Gesellschaft, in der die Kleinen und Wehrlosen nicht respektiert und ihnen keine Würde zuteil wurde, war es eine große Revolution, kindgerechtes Material anzubieten. Vielleicht denken wir heute, da wir an diese Art von Objekten gewöhnt sind, nicht genug darüber nach, wie wichtig diese Hilfsmittel für das Wachstum und die Entwicklung des kindlichen Verstandes sind. Darüber hinaus hat die Montessori-Methode absolute Neuerungen in der Erziehung von Kindern gebracht. Einige Gründe, die ihren Erfolg bestimmt haben, sind:

- **die Wissenschaftlichkeit:** Es ist eine wissenschaftliche Methode, die auf sorgfältiger Beobachtung von Kindern basiert. Niemand zuvor hatte Kinder, ihr Verhalten und ihre Bedürfnisse auf wissenschaftliche Weise studiert, noch hatte man für sie geeignete Materialien und Gegenstände geschaffen;
- **die innovativen Ideen:** wie z. B. die Bildung von Lehrern, den Kindern keine Noten zu geben, sie nicht zu verurteilen oder zu bestrafen;
- **Erziehung zur Freiheit:** die Kinder hatten die Freiheit, sich spontan zu bewegen und zu handeln (was vorher unmöglich war); Sie konnten die Materialien nehmen und verwenden, die sie wollten, und sie dann an ihren Platz zurücklegen;
- **alles kinderfreundlich:** Kinder konnten sich frei im Raum bewegen und Materialien in der richtigen Größe für ihre kleinen Hände benutzen; Die Bänke waren nicht an festen Positionen angeordnet, sondern leicht genug, um sie nach ihren Vorlieben verschieben zu können.

Derzeit gibt es weltweit mehr als 22.000 Schulen, die auf der Montessori-Methode basieren (66.000, wenn man die Montessori-Schulen zählt, in denen die Hauptgrundlagen dieser Bildungsmethode angewendet werden). Obwohl es sich um eine in Italien geborene Methode handelt, gibt es in unserem Land etwas mehr als 140 anerkannte Montessori-Schulen, und insbesondere gibt es Montessori-Kindergärten; Für den Grundschulbereich ist es sehr schwierig, Schulen zu finden, die diese Methode anwenden. Im Ausland haben Montessori-Schulen jedoch eine weite Verbreitung gefunden, insbesondere in Amerika, England, Deutschland, Indien und Saudi-Arabien.

Warum ist die Montessori-Methode kein fester Bestandteil der italienischen Schule

Obwohl die Montessori-Methode von Tausenden von Schulen auf der ganzen Welt erfolgreich aufgenommen und angenommen wurde, hat sie es "versäumt", in Italien zu wachsen und sich zu entwickeln. Ein Teil der Ursache ist dem Faschismus zuzuschreiben, der die Annahme der Methode von Maria Montessori zurückhielt, da diese 1934 gezwungen war, aus Italien zu fliehen; dazu kam dann der traditionelle nationale Konservatismus, der sich seiner Erziehungsmethode widersetzte, die als zu teuer galt, weil sie vom Staat viel Kapital in die Umstellung des Unterrichts und in die Ausbildung neuer Lehrer investiert hätte. Die Einführung der Montessori-Methode in italienischen Schulen bedeutete auch die Entlassung vieler Schulmitarbeiter (da es keinen Frontalunterricht gab, konnte nur ein Erzieher einer Klasse mit 50 Kindern folgen). Durch die Kürzung der Lehrer hätte folglich viel Geld eingespart werden können, das für die Anschaffung der von Montessori-Schulen benötigten Materialien verwendet werden könnte. Leider waren Marias Ideen von der Mehrheit verpönt, weshalb auch heute noch in Italien die Montessori-Methode nicht in den Schulen übernommen wurde, sondern die altstaatliche Methode des Frontalunterrichts angewendet wird.

Auch heute überlebt die öffentliche Schule kaum noch und hat nicht genügend Geld, um die Klassenzimmer zu renovieren und die spezifischen

Lehrmaterialien für diese Methode bereitzustellen. Trotzdem gibt es viele Eltern, die ihre Kinder nach der Montessori-Methode erziehen wollen, was zu einer deutlichen Zunahme privater Montessori-Schulen führt, insbesondere in den Regionen Lombardei, Marken, Latium und Apulien.

Um die Entwicklung, das Studium und die Erforschung der Montessori-Methode national und international zu fördern, wurde die Montessori National Opera in Italien gegründet. Dieser Verein unterstützt sowohl öffentliche als auch private Montessori-Schulen bei der Entwicklung der „Kinderheime“. Auch wenn es heute noch wie eine Utopie erscheint, hoffen wir, dass unser Land diese außergewöhnliche Lehrmethode in naher Zukunft flächendeckend an allen Schulen anwenden kann.

Nun haben wir im Großen und Ganzen gesehen, wie die Montessori-Methode ihren Anfang hatte. Jetzt werden wir genau analysieren, was sie ist und welche ihre Kardinalprinzipien sind.

KAPITEL 2: Die Montessori-Methode

Was ist die Montessori-Methode

Im Hinblick der wissenschaftliche Bildung, erklärt Maria in dem Buch Die Entdeckung des Kindes::

« Eine Erziehungswissenschaft hat nicht nur die Aufgabe, Kinder zu „beobachten", sondern diese auch „umzuwandeln"». [3]

Gerade weil sie auf Wissenschaft beruht, musste diese Art der Erziehung das Individuum „modifizieren" und „verbessern". Montessori erklärt deutlich, dass ihre Methode auf der sorgfältigen Beobachtung des einzelnen Kindes und der Bewahrung der Freiheit der Kinder in ihren spontanen Manifestationen basiert.[4] Die Grundlage ihrer Erziehungsmethode ist daher

[3] M. MONTESSORI, *La scoperta del bambino*, Garzanti, Mailand, 1970, 33.

[4] M. MONTESSORI, *Il Metodo della Pedagogia Scientifica applicato all'educazione infantile nelle Case dei Bambini*, Edizioni Opera Nazionale Montessori, Rom, 2000.

Freiheit, und die Aufgabe des Lehrers besteht darin, dem Kind zu helfen, sie zu erobern. Aber warum sprechen wir von einer Methode? Maria selbst antwortet darauf in ihrem Buch „Über die Bildung des Menschen“:

«wenn wir nicht nur den Namen abschaffen, sondern auch den gängigen Begriff "Methode", um ihn durch eine andere Bezeichnung zu ersetzen, wenn wir von einer "Hilfe, damit die menschliche Persönlichkeit ihre Selbständigkeit erobern kann, von einem Mittel, sie von der Unterdrückung der uralten Vorurteile zur Erziehung zu befreien" sprechen, dann würde alles klar sein. Es ist die menschliche Persönlichkeit und nicht eine Erziehungsmethode, die berücksichtigt werden muss: Es ist die Verteidigung des Kindes, die wissenschaftliche Anerkennung seines Wesens, die gesellschaftliche Verkündigung seiner Rechte, die die fragmentierten Bildungskonzepte ersetzen muss».[5]

Zu Beginn des 19. Jahrhunderts orientierte sich die Schule an der damals stark kapitalistisch geprägten Gesellschaft. Die in den Schulen angewandte Disziplin war streng und grausam, um die Kinder auf die Welt vorzubereiten; Sie mussten gehorsam sein und sich der Masse anpassen, so wie es die Gesellschaft wollte. Sie mussten in Schultischen sitzen, in denen sie sich nicht bewegen konnten, und die Lehre wurde ihnen rein fiktiv vermittelt. Die Art und Weise, wie die Schule aufgebaut war, unterdrückte das Handeln der Kinder, ihre Kreativität, ihren Entdeckungsdrang und hinderte sie daran, Entscheidungen zu treffen. Diejenigen, die sich nicht an die pädagogischen Ziele hielten, wurden aussortiert und in Aufnahmezentren eingesperrt, wo sie ihre Tage damit verbrachten, nichts zu tun. In einer Gesellschaft, in der Kinder

[5] M. MONTESSORI, *Formazione dell'uomo*, Garzanti, Mailand, 1949, 11.

von Erwachsenen beleidigt und gedemütigt wurden, war es Marias Ziel, ihnen Würde zu verleihen, indem sie sie mit Respekt behandelte.

Die von Maria Montessori entwickelte Methode wird als Alternative zur starren Erziehung der damaligen Zeit angesehen und stellt das Kind in den Mittelpunkt des Ganzen, respektiert und fördert seine Spontaneität und bringt es zur Eroberung der Unabhängigkeit. Kindern Würde zu geben und sie mit Respekt zu behandeln, ermöglicht ihnen, ein größeres Selbstwertgefühl zu haben und ihre Fehler zu entdecken und aus ihnen zu lernen; Infolgedessen erwerben Kinder Fähigkeiten zur Problemlösung und gewinnen die Unabhängigkeit, die erforderlich ist, um auf das Erwachsenenleben vorbereitet zu sein.

Die Erwachsenen müssen die Kinder beobachten und von ihnen lernen, ohne ihren Selbstlern- und Selbstkorrekturprozess zu stören. Ihre Aufgabe ist es, ihre Rechte, insbesondere das Recht auf Freiheit, zu verteidigen.

In diesem Kapitel werden wir sehen, welche Prinzipien der Montessori-Methode zugrunde liegen, wie eine Montessori-Schule organisiert ist, was dort abgeschafft wurde, welche Rolle Lehrer und Erwachsene spielen und welche wissenschaftlichen Erkenntnisse bei Kindern vorliegen, die mit dieser Methode erzogen werden. Beginnen wir unsere Abhandlung ausgehend von den Grundprinzipien.

Die der Methode zugrundeliegenden Prinzipien

Freiheit

Das Kardinalprinzip der Montessori-Methode ist **die Erziehung zur Freiheit**. Wenn wir das Wort Freiheit mit Kindern in Verbindung bringen, können wir an mangelnde Bildung und Grenzen denken; In Wirklichkeit war ein freies Kind in einer Gesellschaft, in der Kinder zum Schweigen gezwungen und ihre Kreativität unterdrückt wurden, ein Kind, das sich frei bewegen, sich ausdrücken, unabhängig sein und seinen Launen freien Lauf lassen konnte. Freiheit ermöglicht richtiges Lernen und gesundes Wachstum und Entwicklung.

Die Kinder haben einen angeborenen Drang, die Welt kennenzulernen und zu handeln, und dies führt sie dazu, die Aktivitäten, die sie lernen möchten auszuwählen. Ihre angeborene Neugier ist ein echter Antrieb, der es ihnen ermöglicht, ohne äußere Einflüsse oder Zwänge spontan zu lernen. Apropos Freiheitsprinzip, Montessori erklärt:

> *«Wenn wir also von der "Freiheit" des Kindes sprechen, betrachten wir nicht die ungeordneten äußeren Handlungen, die Kinder, die sich selbst überlassen sind, als Ventil für eine ziellose Aktivität nutzen, sondern wir geben dem Wort den tiefen Sinn von "Befreiung" seines Lebens von Hindernissen, die seine normale Entwicklung verhindern».*[6]

Die von Maria untersuchte Methode besteht daher darin, dem Kind die Freiheit zu lassen, **zu handeln und seine eigenen Fähigkeiten zu entwickeln**, wobei es seine Zeit und die Methoden respektiert, die es für sein eigenes Lernen am besten hält. Diese Erziehungsmethode ermöglicht es ihm, die Welt durch sein „Tun" zu erkunden und seine Intelligenz maximal zu entwickeln. Um bei diesem Wachstums- und Lernprozess unterstützt zu werden, muss er in einer Umgebung leben, in der es für sein Wachstumsniveau geeignete Anregungen gibt. In dieser Hinsicht sind in Montessori-Schulen die Umgebungen, Gebäude und Lehrmittel alle „kindgerecht" gestaltet und entwickelt, um das Lernen durch Selbstkorrektur von Fehlern zu erleichtern.

---

[6] M. MONTESSORI, *La scoperta del bambino*, Garzanti, Mailand, 1970, 67.

Innerhalb dieser Mauern ist das Kleinkind zuhause und kann entscheiden, ob es von seinem Klassenzimmer in den Saal des praktischen Lebens oder in eine andere Umgebung, die es bevorzugt, wechselt und kann frei wählen, welchen Aktivitäten es sich widmen möchte. Diese Freiheit ist jedoch nicht gleichbedeutend mit Verwirrung, sondern mit Verantwortung; Tatsächlich ist der Tag von festen Terminen geprägt, die es zu respektieren lernt, wie z.B.: Arbeit, freies Spiel, Mittagessen usw. Wir können daher von einem System **„organisierter Freiheit"** sprechen, das als ein Zustand verstanden wird, der hilft, die physische und psychische Entwicklung des Kindes zu fördern. Der Erwachsene kann diesen Wachstumsprozess erleichtern, indem er es respektiert und dem Kleinen die notwendige Hilfe bietet, um seine Autonomie zu erlangen und seine eigene Persönlichkeit zu formen.

Absorbierender Verstand

Bei der Analyse der Reaktionen auf die vorgeschlagenen Aktivitäten erkannte Maria, dass Kinder in den ersten 3 Lebensjahren wie „absorbierende Schwämme" sind; das bedeutet, dass alle Eindrücke, die das Kind von der äußeren Umgebung erhält, von seinem Verstand mit äußerster Natürlichkeit und ohne Anstrengung aufgenommen werden. Sein Lernen erfolgt so unbewusst, dass es passiv lernen kann, ohne eine konkrete Tätigkeit zu übernehmen; Es reicht aus, dass Sie sich auf die Umwelt und das, was sie umgibt, beziehen, um Vorstellungen zu erfassen und Ihre eigenen Bewegungen, Verhaltensweisen, Techniken und Aktivitäten zu entwickeln. Daraus folgt, dass die **Beobachtung** das beste Werkzeug ist, um Fähigkeiten zu erwerben, die das Kind entwickeln möchte.

Nach sorgfältiger Beobachtung versucht das Kind dann nachzuahmen, was es bei Gleichaltrigen und Erwachsenen sieht. Die **Nachahmung** ist daher die zweite Phase des Lernens und dank ihr findet eine echte Entwicklung der Fähigkeiten statt.

Die dritte Lernphase ist die **Wiederholung der Übung**; Letzteres kann für einen Erwachsenen nutzlos, langweilig und nicht sehr lohnend sein, aber für das Kind ist es die wichtigste Lernmethode, da es eine bestimmte Aktion ausführt, bis es perfekt gelingt. Das folgende Schema fasst die drei fortschreitenden Lernphasen zusammen.

"Maßgeschneiderte" Umgebung

Maria Montessori legte besonderen Wert auf die Schönheit des Klassenzimmers. Das Unterrichtsmaterial musste gut verarbeitet und gepflegt sein und die Gegenstände immer geordnet in den Regalen stehen. Alles wurde in einer für Kinder erreichbaren Größe und einem Gewicht geschaffen, das es ihnen ermöglichte, Gegenstände selbst zu handhaben.

Die wichtigste Änderung in der Schuleinrichtung, die Maria vorgenommen hat, war die Abschaffung der Schulbänke. Tatsächlich ließ sie Tische und Stühle sehr leicht bauen, aber nicht wackelnd, damit die Kinder sie nach Belieben bewegen konnten. Die Möbel waren ohne Dübel, Rillen und Falten, damit die Kleinen sie reinigen und in Ordnung halten konnten. Auch Holzsessel mit breiten Armlehnen und Korbsessel standen ihnen zur Verfügung. Natürlich war alles sehr bunt, um ihnen ein fröhliches Erlebnis zu bieten und sich wohl zu fühlen.

Zur Ausstattung des Kinderheims gehörte ein sehr niedriges Waschbecken (erreichbar für ein 3-jähriges Kind) mit weißen und abwaschbaren Seitenablagen für Seifen, Zahnbürsten, Handtücher und ein Spucknapf. Die Sideboards waren niedrig und lang und enthielten eine beträchtliche Anzahl von Türen, von denen jede ein anderes Schloss und einen anderen Schlüssel hatte. Das Sideboard war auch mit einer langen und schmalen Platte ausgestattet, auf der ein Tischset aus Leinen platziert wurde; auf letzterem befanden sich in einer Reihe kleine Blumenvasen, ein Vogelkäfig oder eine Wanne mit lebenden Fischen, um den Kindern die Natur näher zu bringen.

Im unteren Teil der Wände waren Tafeln und Kästchen mit Kreide und Schwämme angeordnet. Über den Tafeln hingen Gemälde mit Darstellungen von Kindern, Tieren oder Familienszenen.

Unter „geeigneter Umgebung“ verstehen wir nicht nur, dass alle Einrichtungen kindgerecht eingerichtet sind, sondern auch, dass der Rhythmus der Klasse ruhig und geordnet ist. Die Montessori-Umgebung beherbergt echte "Aktivitätsecken" wie:

- Ecke der Aktivitäten des praktischen Lebens;
- Bereich zur Sprachförderung;
- Ecke zum Musikhören;
- Ecke des symbolischen Spiels;
- Raum des Wassers, der manipulativen und grafisch-bildlichen Tätigkeiten;
- Ecke des Umfüllens mit körnigen Materialien und Wasser;
- Ecke des sensorischen und Entwicklungsmaterials.

Weitere wichtige Eckpunkte aus pädagogischer Sicht sind: die Umgebung der Mahlzeit, des Schlafens und der Hygiene.

Alle Räume innerhalb des Kinderheims sind so konzipiert, gebaut und mit Gegenständen und Einrichtungsgegenständen ausgestattet, die dem Alter, dem Körperbau, den Fähigkeiten und den motorischen Bedürfnissen des Kindes entsprechen, damit es sie aktiv nutzen kann, bis es “Herr” dieser wird.

Die Umgebung muss auch ordentlich, organisiert, einladend, ruhig und warm sein. All diese Vorkehrungen ermöglichen den Kindern stabile und wiedererkennbare Bezugspunkte zu haben und erleichtern die Erweiterung ihrer Interessen und Erfahrungen.

Materialien

Die von Maria gestalteten Unterrichtsmaterialien sind so aufgebaut, dass ohne externe Lehrer gelernt wird, sondern nur im **Selbstversuch**, bei dem das Unterrichtsmaterial selbst den Erfolg oder Misserfolg der durchgeführten Aktivität bestätigt. Die Gegenstände sind nicht unzerbrechlich, sondern real: Sie sind nur leichter und kleiner, damit sie sie mit den kleinen Händen fest im Griff haben und die Gefahr, sie herunterfallen zu lassen, sinkt; ansonsten sind sie wie die von Erwachsenen: die Teller sind aus Keramik, die Gläser und Krüge aus Glas und das Bügeleisen wärmt richtig.

Montessori-Material ist nicht unterstützend, sondern **entwicklungsfördernd**; Jedes Material hat ein spezifisches pädagogisches Ziel und ermöglicht es Ihnen, von der **Sensorik** (Fühlen, Riechen, Sehen und Hören) auszugehen, um das Kind zur Abstraktion (abstraktes Lernen) zu führen.

Es ist leicht, viele Materialien im Internet zu finden, die den Montessori-Wortlaut haben, die es aber in Wirklichkeit nicht sind. Viele Materialien, Spiele, Aktivitäten und Einrichtungsgegenstände werden fälschlicherweise Maria Montessori zugeschrieben, nur weil sie aus Holz sind oder weil sie den von ihr entworfenen wissenschaftlichen Materialien ähneln oder daran erinnern. Genau aus diesem Grund ist es notwendig, das Thema zu klären. In ihren Texten beschreibt Maria Montessori einige ihrer wissenschaftlichen Materialien im Detail und identifiziert ihre Eigenschaften, ihr Aussehen, den Zweck, für den sie verwendet werden, und ihre Anwendung. Dann gibt es noch andere Materialien, die, auch wenn sie nicht von Maria erfunden wurden, dennoch als **"Montessori-inspiriert"** bezeichnet werden können, solange sie die folgenden Eigenschaften einhalten:

- sie müssen von hoher Qualität sein;
- sie haben eine ästhetische Ordnung;
- sie müssen eine Eigenschaft isolieren, damit sich das Kind nur auf diese Eigenschaft konzentrieren kann, ohne verwirrt zu werden;
- sie müssen zur Selbstkorrektur von Fehlern erziehen;
- wenn es Bilder präsentiert, müssen sie wissenschaftlich korrekt sein.

Montessori-Materialien wecken das Interesse des Kindes und fördern die Konzentration und das Lernen. Aus diesem Grund ist es sehr wichtig, dass sie nicht nur schön, sondern auch geeignet sind, dass sie die oben genannten Eigenschaften einhalten, dass sie in Ordnung, sauber, intakt und „intelligent" sind".

Sich zu bewegen lernen

Babys sind frustriert, wenn sie eine Bewegung nicht perfekt ausführen können. Aus diesem Grund ist es notwendig, komplexere Bewegungen in einfachere zu zerlegen, die perfekt erlernt werden können. Auf diese Weise wiederholen sie die gleiche Übung, bis sie eine bestimmte Bewegung perfekt beherrschen.

Die alte Erziehungsmethode forderte vom Kind Unbeweglichkeit und Stille; Die Bänke waren mit Nägeln am Boden befestigt, was diese daran hinderte, sich "anmutig" zu bewegen. Im Gegenteil, die von Maria geschaffenen Tische und Stühle sind leicht und tragbar, damit das Kind in völliger Freiheit wählen kann, wo es sich aufhält und sich hinsetzt (anstatt auf der Stelle zu sitzen). Wenn das Kind bei seinen Bewegungen gegen Tische oder Stühle stößt oder Gegenstände fallen lässt, gibt ihm dies einen **Beweis der Unfähigkeit** und gleichzeitig die Möglichkeit der **Selbstkorrektur durch Überprüfung des Fehlers**; Wenn die Stühle und Tische bewegungslos bleiben, ohne Geräusche zu machen, bedeutet dies, dass das Kind gelernt hat, sich zu bewegen.

In Bezug auf das Bedürfnis der Kinder, eine Übung bis zur Perfektion zu wiederholen, schrieb Maria:

> *«Danach wurde klar, dass jede Bewegungsübung, von der **jeder Fehler kontrolliert werden kann**, wie in diesem Fall das Geräusch in der Stille, Kinder dazu anleitet, sie zu perfektionieren: Die Wiederholung der Übung kann jeden zu einer äußeren Schulung der Handlungen führen; so gut, dass es unmöglich wäre, es mit einem externen Unterricht zu erhalten».*[7]

Die Stille

Mit Stille meinen wir nicht die "Traditionelle", die in den Schulen verlangt wird, um den Unterricht nicht zu stören, sondern es ist eine Eroberung des Kindes und das Ergebnis einer beträchtlichen Anstrengung.

In manchen Momenten des Tages forderte Maria die Kinder auf, jedes Geräusch zu vermeiden, und langsam wurde in der Klasse eine Phase absoluter Stille erreicht, die es ermöglichte, eine ganze Reihe von Geräuschen hervorzuheben, die im Allgemeinen unbemerkt blieben, während sie mit ihren Übungen beschäftigt waren (der Regen, das Vogelgezwitscher, die Windgeräusche usw.). Die Stille ist daher eine Aktivität und kein Mangel an Aktivität: Es ist eine Leistung des Kindes, die es ihm ermöglicht, psychische und kognitive Fähigkeiten wie Reflexion, Konzentration und Verständnis zu entwickeln.

---

[7] M. MONTESSORI, *Il segreto dell'infanzia*, Garzanti, Mailand, 1950,169.

Autonomie und Unabhängigkeit

Heutzutage denken viele, dass es notwendig ist, einem Kind zu helfen, indem man die Hindernisse beseitigt, die vor ihm auftauchen, und ihm in jeder Hinsicht dient. Von Natur aus will jedes Lebewesen durch kontinuierliche Aktivität seine Selbständigkeit erreichen und das gilt auch für das Kind: Auch es möchte seine Freiheit erobern und tut dies mit kontinuierlicher Anstrengung durch Arbeit. Der Instinkt des Kindes besteht darin, ohne die Hilfe anderer alleine zu handeln, und versucht, sich gegen diejenigen zu verteidigen, die ihm helfen wollen. Es möchte für sich selbst lernen und die Welt durch seine Arbeit und seinen Einsatz erfahren. Über die Autonomie und der Unabhängigkeit sagte Maria Montessori:

> *«Wir müssen klar verstehen, dass wir, wenn wir dem Kind Freiheit und Unabhängigkeit geben, einem "Arbeiter" Freiheit geben, der ermutigt wird zu handeln; der nicht, ohne seine Arbeit und seinen Aktivitäten leben kann».*[8]

Disziplin, Geduld und gute Manieren

Wie wir zu Beginn des Kapitels gesehen haben, basiert die Montessori-Methode auf der Freiheit des Kindes, welches ein sehr schwer zu akzeptierendes Konzept in den 1950er Jahren war, als die vermittelte Disziplin sehr starr war und aus Reglosigkeit und Schweigen bestand. Nach Maria musste Disziplin auch das Prinzip der Freiheit berücksichtigen. Ein diszipliniertes Kind ist nicht eines, das zum Schweigen gebracht wird, sondern eines, das Herr seiner selbst ist und zur Selbstregulierung fähig ist. Wenn das Kind lernt, sich zwischen den Dingen in der Umwelt zu bewegen, bereitet es sich nicht auf die Schule, sondern auf das Leben vor und wird

[8] M. MONTESSORI, *La mente del bambino*, Garzanti, Mailand, 1952, 94.

«durch Gewohnheit und Übung zu einem richtigen Individuum»[9]. Die Disziplin ist daher nicht auf das schulische Umfeld beschränkt, sondern erstreckt sich auf die Gesellschaft.

Eine Möglichkeit, dies zu erreichen, besteht darin, die Qualität der Geduld zu reifen. In den Kinderheimen gab es viele Arten von Unterrichtsmaterialien, die sich voneinander unterschieden; es gab keine Duplikate desselben Objekts und manchmal kam es vor, dass mehrere Kinder dasselbe Objekt verwenden wollten. In diesem Moment lernten die Kinder Geduld: Sie stritten sich nicht um Gegenstände, sondern warteten, bis sie an der Reihe waren *«und da dies zu jeder Tageszeit, über Jahre hinweg geschieht, tritt der Begriff des Respektierens und Wartens als eine mit der Zeit reifende Erfahrung in das Leben jedes einzelnen ein»*.[10]

Wenn sie ein Objekt benutzten, konnten sie es so lange tun, wie sie wollten, und genossen so alle Ruhe, die für die kreative Genese des Ichs notwendig war, das sich durch kontinuierliche Arbeit entwickelt. Was die Kinder aus ihrer Erfahrung gelernt haben, war kein einfacher Unterricht, der nur in der Schule benötigt wurde, sondern es gab ihnen die Möglichkeit, sich zu entwickeln, indem sie Tugenden und Qualitäten entwickelten, die in der Gesellschaft nützlich sind.

Abschaffung von Belohnungen/Strafen

Montessori erkannte, dass das Geben von Belohnungen und das Bestrafen von Kindern nichts anderes bewirkte, als ihnen ihre Würde zu nehmen. Die Anwendung der vorstehenden Grundsätze ermöglicht es, Belohnungen und Strafen abzuschaffen und auch die Äußerung von Urteilen durch Noten zu vermeiden. Die Vorbereitung der Umgebung durch Bereitstellung der richtigen Materialien gibt Kindern die Möglichkeit, ihre Handlungen zu

---

[9] M. MONTESSORI, *Il Metodo della Pedagogia Scientifica applicato all'educazione infantile nelle Case dei Bambini*, Edizioni Opera Nazionale Montessori, Rom, 2000.
[10] M. MONTESSORI, *La mente del bambino, Garzanti,* Mailand, 1952, 222.

kontrollieren. So werden Vergleiche und Wertungen vermieden und das Selbstwertgefühl von Kindesbeinen an gefördert.

Kontakt mit der Natur

Ein weiteres grundlegendes Ziel von Maria Montessori war es, Kinder in Kontakt mit der Natur zu bringen. Kinder, die im Freien spielen, wachsen nicht nur viel gesünder auf, sondern erwerben auch Informationen und Lektionen, indem sie die äußere Umgebung erleben. Die Natur hat einen starken Einfluss auf die kognitive, emotionale und sensorische Ebene und ermöglicht ihnen:

- die Wahrnehmungen ihrer Umgebung zu entwickeln;
- eine außergewöhnliche Sensibilität gegenüber anderen und Dingen, indem Sie lernen, sich um sie zu kümmern, zu entwickeln;
- Geduld und gesunde Essgewohnheiten zu erwerben;
- sich frei zu bewegen, laufen, klettern, das Gleichgewicht zu halten;
- wichtige Sinneserfahrungen zu machen.

Auch in diesem Zusammenhang ist Bewegung ein fester Bestandteil des Lernens: Kinder lernen, indem sie sich bewegen und alles um sich herum erleben. Die Hände in die Erde stecken, Samen pflanzen, beobachten, wie Pflanzen wachsen oder wie sich Blätter im Laufe der Jahreszeiten verfärben und sich um Tiere zu kümmern, ermöglicht es dem Kind, sich zahlreiche Fähigkeiten anzueignen, Pflanzen zu klassifizieren, zu reifen und Verantwortung zu übernehmen. All dies ist auch Teil von Montessoris „Kosmischer Erziehung", die glaubt, dass die Liebe, die Kinder zur Natur kultivieren, es ihnen ermöglicht, verantwortungsbewusste und partizipative Erwachsene zu werden, die in der Lage sind, zu einer allgemeinen Verbesserung der Gesellschaft beizutragen.

Wie funktioniert eine Montessori-Schule?

In der Montessori-Schule wird ein Kind nicht gezwungen, dem Unterricht vollkommen passiv zuzuhören; im Gegenteil, seine Erziehung erfolgt durch einen natürlichen Prozess durch die Erfahrungen, die er in der Umwelt macht. Im Klassenzimmer kann jeder die durchzuführenden Aktivitäten frei wählen und sich im Raum bewegen, ohne seine Klassenkameraden zu stören und darauf zu warten, dass sie an der Reihe sind, um das gewünschte Material verwenden zu können; Dieser Ansatz ermöglicht es ihnen, sowohl durch Nachahmung als auch durch direkte Erfahrung zu lernen. Die Klassen setzen sich aus Kindern unterschiedlichen Alters zusammen, damit die Kleinen die unterschiedlichen Fähigkeiten und Verhaltensweisen der Größeren beobachten und ihrerseits durch Nachahmung lernen können. Offensichtlich werden in dieser Schule keine Noten oder Bewertungen vergeben, sondern nur Beobachtungskarten erstellt, die die Fortschritte der Kinder beschreiben.

Zwei Elemente sind für den Erfolg der Methode unerlässlich:

- ein geeigneter Raum mit Werkzeugen und Materialien, die geeignet sind, das Lernen des Kindes anzuregen;
- ein Erzieher, der anwesend ist, sich aber gleichzeitig darauf beschränkt, die Kinder zu beobachten, ohne in ihre Aktivitäten einzugreifen.

Wenn den Kindern in den Heimen etwas gezeigt wurde, riefen sie: "Ich will das machen!" und "Hilf mir, es selbst zu tun". Kinder lieben es zu lernen und zu tun; es sind die Erwachsenen, die sie aus Angst daran hindern, Dinge zu tun. Maria Montessori hat das verstanden und in ihren Überlegungen festgestellt:

«Der Erwachsene muss dem Kind helfen, damit es handeln und seine Arbeit in der Welt verrichten kann».[11]

Das Hauptbedürfnis des Kindes drückt sich gerade in dem Satz „Hilf mir, es selbst zu tun" aus; Diese Aussage spiegelt seinen angeborenen Drang wider, lernen zu wollen und in voller Autonomie zu lernen, um immer fähiger, unabhängiger und selbstbewusster zu werden.

Wir haben bereits erwähnt, dass die Ausstattung kinderfreundlich ist und alle für die täglichen Aktivitäten geeigneten Werkzeuge umfasst, wie z. B.: Besen, Schaufeln, Schwämme, Besteck, Teller, Gläser, Gießkannen, Hacken, Rechen usw. Die Kinder lernen dann alle alltäglichen Tätigkeiten wie den Boden wischen, den Tisch decken und den Garten pflegen; Dadurch können sie sich im Laufe ihres Lebens viele unverzichtbare Fähigkeiten und Kompetenzen aneignen. Insbesondere die Materialien der Objekte sind nicht unzerbrechlich, sondern echt; Wenn Kinder also Glasgläser oder Keramikplatten auf den Boden fallen lassen, können sie dank ihres Fehlers lernen, ihre Bewegungen und Aufmerksamkeit und Sorgfalt für die Gegenstände in der Umgebung besser zu kontrollieren.

Es gibt nur wenige Regeln in Kinderheimen, die in der Montessori-Methode enthalten sind. Diese sind:

1. nicht die anderen Kinder stören oder schlagen, die an Aktivitäten beteiligt sind;
2. die Gegenstände und Unterrichtsmaterialien angemessen verwenden.

Das Wort erziehen leitet sich vom lateinischen *„educere"* ab, was wörtlich übersetzt „herausziehen" bedeutet. Im Einklang damit sieht die Montessori-Methode vor, dass die Aufgabe der Erzieher ausschließlich darin besteht, Kinder zu beobachten und ihnen zu helfen, Interesse und Lernbereitschaft zu

[11] M. MONTESSORI, *Il segreto dell'infanzia*, Garzanti, Mailand, 1950, 277.

wecken. Ihre Aufgabe ist es, ans Licht zu bringen, was bereits im Kind vorhanden ist. Letzteres wird nicht mehr als ein leeres Gefäß betrachtet, das mit theoretischen Lehren gefüllt werden muss, sondern als ein einzigartiges Wesen, das bereits alle Kenntnisse und Fähigkeiten in sich trägt und es im richtigen Umfeld schafft, die bessere Version von sich selbst in völliger Autonomie auszudrücken und hervorzubringen. [12]

Abschaffung von Spielzeug

Während ihrer Experimente hat Maria Montessori oft schöne Spielsachen mit unter dem Unterrichtsmaterial gestellt; das ständige Ergebnis war, dass keine Kinder sie nahmen. Spielsachen gelten daher als absolut unpädagogisch, weil sie vom Kind nur im Fall des Mangels an geeigneten Materials verlangt werden. Andernfalls vorhanden, werden diese völlig ignoriert und vernachlässigt

Rolle des Erziehers

Die Rolle des Erziehers in Kinderheimen unterscheidet sich sehr von der eines traditionellen Lehrers. Er hat keine zentrale Rolle oder einen Stuhl in der Mitte der Klasse. Der Lehrer versucht nicht, ihr Wissen auf das Kind zu übertragen, sondern lernt von ihm und richtet all ihre Energie darauf, ihm zu helfen, sein maximales Potenzial während der Aktivitäten und Lernphasen freizusetzen und auszudrücken. Um dies zu erreichen, ist es unabdingbar, dass die Lehrer unentbehrliche Tugenden wie Ruhe, Geduld, Nächstenliebe und Demut an den Tag legen.

Der Erzieher lehrt das Kind, keinen Erwachsenen zu brauchen und alles alleine zu tun. Sie gibt keine Noten und urteilt nicht. Ihre einzige Aufgabe ist es, dem Kind altersgerechtes Material anzubieten und ihm zu erklären, wie es funktioniert. Jedes Kind ist anders und was für das eine geeignet ist, ist

---

[12] M. MONTESSORI, *Educazione e pace*, Opera Nazionale Montessori, Rom, 2004.

möglicherweise nicht für das andere geeignet; Aus diesem Grund muss der Lehrer jedes einzelne Kind, seine Einstellungen und Neigungen beobachten und verstehen, wann es für eine bestimmte Aktivität bereit ist.

Wissenschaftlicher Nachweis der Methode bei Kindern

Maria experimentierte ihre Methode an den armen Kindern Roms und stellte fest, dass sie niemand mehr erkennen würde, obwohl sie nichts getan hatte, um ihre körperlichen Bedingungen zu verbessern, weil ihre Gesichter und ihr Aussehen lebhaft waren. Diejenigen, die zunächst unterernährt, anämisch und pflegebedürftig wirkten, waren nun Kinder, die so gesund waren, als ob sie gepflegt worden wären. Die Hauptursache für die fehlende Vitalität waren psychische Ursachen, die den Stoffwechsel der Kleinen beeinflussten. Durch die Steigerung der Psyche der Kinder wurden der Stoffwechsel und alle körperlichen Funktionen verbessert. Diese Beweise erregten bei den Betrachtern so viel Erstaunen, dass sie von einem wahren „Wunder" sprachen.

Alles, was die Kleinen in der Schule gelernt hatten, wie zum Beispiel die Bedeutung von Hygiene und Körperpflege, wurde dann zu Hause weitergegeben; Dadurch lernten die Eltern selbst, sauberer und ordentlicher zu sein. Marias Kinder veränderten langsam die Gesellschaft: Es waren die Erwachsenen, die von den Kleinen lernten.

Jüngste US-Studien haben hervorgehoben, wie die spezifische Montessori-Methodik effektiver als andere Methodologien für die Entwicklung wichtiger neuropsychologischer Funktionen ist, die mit akademischem, beruflichem und persönlichem Erfolg sowie mit sozialen Fähigkeiten verbunden sind. Während dieser Studien wurden die entstehenden komplexen kognitiven Strukturen analysiert, die an der Bildung von Fähigkeiten höherer Ordnung wie Planung, Organisation, kognitive Flexibilität und anhaltende Aufmerksamkeit beteiligt sind. Dr. Angeline Lillard, Professorin für Psychologie an der „University of Virginia" und Direktorin des „Laboratory for

Early Development", und ihre Kollegen versuchten, die Bildungsergebnisse zu evaluieren, die mit den für die Montessori-Methodik typischen didaktischen und pädagogischen Pfaden verbunden sind. Insbesondere die 2006 in Science erschienene Studie dieser Autoren verglich die Tests von Schülern aus Montessori-Schulen (am Ende des Kindergartens und im Alter von 12 Jahren) mit denen von Schülern aus einem Zyklus des Grundstudiums mit andere Methoden.[13] Der Vergleich zeigte, dass Kinder aus Vorschulen mit Montessori-Erziehung bessere Ergebnisse in standardisierten Lese- und Mathetests erzielten, interaktiver im Spiel waren und viel besser in soziokognitiven Aspekten und in der exekutiven Kontrolle befähigt waren. Bei den Jungen, die die Grundschule abgeschlossen hatten, zeigten diejenigen mit Montessori-Hintergrund kreativere Schreibformen mit komplexeren syntaktischen Strukturen und wählten positivere Antworten auf soziale Probleme, was ein größeres Gemeinschaftsgefühl hervorhob. Aus den durchgeführten Studien ging hervor, dass die Montessori-Methode ein größeres Lernen insbesondere in exekutiven Funktionen und in der sozialen Problemlösung garantiert. Dies ist sehr wichtig, da Kinder im Alter von 0-3 Jahren mit ausgeprägten funktional-exekutiven Fähigkeiten größere und stärkere akademische und soziale Fähigkeiten entwickeln. "Exekutivfunktionen" sind nicht nur für den akademischen Erfolg, sondern auch für das Leben von entscheidender Bedeutung.[14]

Die Montessori-Methode ist daher auch heute noch eine der besten Erziehungsmethoden für die Entwicklung und das Wachstum des Kindes.

---

[13] A.S. LILLARD - N. ELSE-QUEST, *The early years: evaluating Montessori Method.* Science, (2006), 313, 1893 in http://www.sciencemag.org/cgi/content/full/313/5795/1893.

[14] A.S. LILLARD, *Montessori: The science behind the genius*, New York, Oxford University Press, 2005.

Kapitel 3: Die Entwicklung des Kindes von 0 bis 3 Jahren

Die Doktorin Montessori argumentierte, dass Bildung mit der Geburt beginnt und dass die ersten Lebensjahre die prägendsten und wichtigsten für die körperliche und geistige Entwicklung des Kindes sind. Angesichts der Schnelligkeit, mit der sich der Verstand in den ersten fünf Jahren entwickelt, ist es sehr wichtig, eine angemessene pädagogische Methode anzuwenden, die Verhaltensmuster im Kind strukturieren kann, die seinen Charakter im Erwachsenenalter bestimmen.

Von Geburt an ist das Kind offen für äußere Reize und durchläuft im Erleben des Lebens „sensitive Phasen"; zum Beispiel hat es eine besondere Sensibilität für Objekte, entwickelt Sprache und lernt zu gehen und sich im Raum zu bewegen. Die sorgfältige Beobachtung des Kindes ermöglicht es uns, die sensitive Phase zu erkennen, in der es sich befindet, um ihm zu helfen, Herr seiner Umgebung zu sein.

Die sensitiven Phasen

Nach Maria Montessori werden Kinder in ihrer Entwicklung von prägenden Phasen geleitet, in denen sie eine besondere Sensibilität für eine bestimmte Art des Lernens entwickeln; Je nachdem, in welcher sensitiven Phase es sich befindet, kann die kindliche Psyche Reize von außen besser aufnehmen.

Kinder beobachten alles, was sie umgibt, und können Dinge durch einen „Prüfstein" vergleichen, den wir nicht haben; sie vergleichen in der Tat äußere Dinge mit den Bildern, die ihnen in den Sinn kommen. Die Kleinen haben auch die Fähigkeit, sich Laute verschiedener Sprachen zu merken und wiederzugeben, die Wörter zu lernen und ihre Akzente zu fixieren.

In diesen Lernphasen ist das Kind eher geneigt, bestimmte Ziele zu erreichen, und tut dies, indem es sich Aktivitäten widmet, die es ihm ermöglichen, eine bestimmte Fähigkeit auf ganz natürliche Weise und ohne die geringste Anstrengung zu kultivieren und zu steigern. Diese Arten von Sensibilität haben einen flüchtigen Charakter, um den Erwerb späterer Fähigkeiten zu ermöglichen. Wenn die Sensibilität eines bestimmten Moments nicht ausgenutzt wird, besteht die Gefahr, dass die psychische Entwicklung des Kindes auch langfristig beeinträchtigt wird. Wir können daher die sensitive Phase als **die Aneignungszeit** definieren: Alles, was das Kind in dieser Altersgruppe lernt, kann es nie wieder in einer anderen Altersgruppe oder als Erwachsener erwerben[15].

Die sensitiven Hauptphasen sind 4 und haben eine unterschiedliche Dauer und Intensität. Diese sind:

---

[15] M. MONTESSORI, *Il Metodo della Pedagogia Scientifica applicato all'educazione infantile nelle Case dei Bambini*, Edizioni Opera Nazionale Montessori, Rom, 2000.

- die sensitive Phase der Bewegung (von 0 bis 4 Jahren);
- die sensitive Phase der Liebe zur Umgebung (von 0 bis 6 Jahren);
- die sensitive Phase der Ordnung (von 0 bis 4 Jahren);
- die sensitive Phase der Sprache (von 0 bis 6 Jahren).

Analysieren wir diese nun genauer.

Die sensitive Phase der Bewegung

In den ersten Lebensjahren lernt das Kind sofort, seine Arme zu strecken, seine Finger zu sich zu führen, Gegenstände zu nehmen, zu krabbeln und Fähigkeiten zu entwickeln, die es selbstständig machen. Die visuell-motorische Koordination nimmt allmählich zu und das Kind fühlt sich immer sicherer, bis es Gegenstände immer fester im Griff hat und sie richtig verwendet; diese Gewissheit drängt es auch zum Gehen und zum Laufen.

In dieser Phase zeigt das Kind ein besonderes Interesse an allen für sein Wachstum und seine Persönlichkeitsentwicklung wichtigen Tätigkeiten, die es auf die Selbständigkeit vorbereiten (wie sich anziehen, Zähne putzen, Hände waschen, Staub wischen, Blätter im Garten entfernen etc.). Wenn das Kind in diese sensitive Phase eintritt, kann es vorkommen, dass es zeitweise besonderes Interesse an einer bestimmten Aktivität und nicht an einer anderen zeigt; das ist völlig normal, denn das Kind konzentriert sich beim Lernen ausschließlich auf eine Bewegung und wiederholt sie viele Male, bis es "Herr" ist und es schafft, diese perfekt auszuführen, ohne Fehler zu machen.

Die sensitive Zeit der Liebe zur Umgebung

Die sensitive Phase der Liebe zur Umgebung manifestiert sich gleichzeitig mit den anderen Phasen. Wenn sich die Sinne des Kindes entwickeln, beginnt es, alles um sich herum zu erkunden; es wird sich zunächst auf das Beobachten und Zuhören beschränken und dann mit dem Erwerb der Motorik sein Interesse auf Gegenstände und die gesamte Umgebung richten.

Dank des absorbierenden Verstandes lernt das Kind viel, indem es den Raum, der es umgibt, betrachtet und sich bewegt, und zwar mit äußerster Natürlichkeit und auf völlig unbewusste Weise. Um diesen Lernprozess zu erleichtern und dem Kind zu helfen, so viel wie möglich aufzunehmen und in seinem Wachstum voranzukommen, muss der Erwachsene alle möglichen Hindernisse aus der Umgebung beseitigen. Als sie beobachtete, wie sich die Kinder im Klassenzimmer bewegten, bemerkte Maria Montessori das *«in der Umgebung des Kindes alles gemessen und geordnet sein muss,; und das Interesse und Konzentration gerade aus der Beseitigung von Verwirrung und Überfluss entstehen».*[16]

Das Kleinkind liebt es, die Umgebung zu erkunden, aber diese muss Ordnung widerspiegeln und sein Interesse wecken, um bei allen Aktivitäten die maximale Konzentration zu fördern. In dieser sensitiven Phase lernt das Kind, dass Objekte einen Zweck haben, und dies schafft in seinem Kopf geordnete Strukturmodelle, in denen jedes Objekt aufgrund seiner Verwendung einen genauen Ort hat. Im vorigen Kapitel haben wir erwähnt, dass die Montessori-Methode eine für Kinder geeignete Umgebung erfordert, um sicherzustellen, dass sie zahlreiche Anregungen erhalten und viele Fähigkeiten erwerben, bis sie ihre Unabhängigkeit erreichen; Im weiteren Verlauf der Abhandlung werden wir diesen Aspekt vertiefen und sehen, wie das ideale Umfeld für die Entwicklung von Kindern geschaffen werden kann.

Die sensitive Phase der Ordnung

Als sie die Kinder in ihren Klassenzimmern beobachtete, wurde Maria Montessori klar das *«Kind kann nicht in Unordnung leben kann, da es dadurch leidet,; und das Leiden äußert sich in verzweifeltem*

[16] M. MONTESSORI, *Il segreto dell'infanzia,* Garzanti, Mailand, 1950,162.

Weinen und sogar in anhaltender Unruhe, die den Anschein einer echten Krankheit annehmen kann».[17]

Maria verdeutlicht die Wichtigkeit dieses Bedürfnisses an zwei Beispielen: Das erste betrifft ein kleines Mädchen, das beim Besuch einer Dame zunächst Anzeichen von Verärgerung und Unzufriedenheit zeigt und dann in übertriebene Tränen ausbricht. Angesichts dieser Szene versteht niemand, was passiert ist, aber irgendwann erkennt die Mutter, dass das Unbehagen des Kindes durch den Regenschirm verursacht wurde, den die Dame auf dem Tisch liegen gelassen hatte, anstatt ihn in den Schirmständer zu stellen. Ein anderes Beispiel ist das eines Kindes, das sich während eines Ausflugs in den Armen seiner Mutter wiederfindet; irgendwann ist der Mutter heiß und sie nimmt die Jacke von ihren Schultern, um sie in den Händen zu halten. Ohne ersichtlichen Grund bricht das Kind in einen Weinkrampf aus. Nachdem Maria die Szene beobachtet hatte, spürte sie, dass das Unbehagen des Kindes dadurch verursacht wurde, dass es die Jacke der Mutter nicht an ihrem Platz sah, und schlug daher vor, dass die Dame sie wieder auf ihre Schultern legt. Sobald dies geschehen war, beruhigte sich das Kind sofort.

Während der sensitiven Phase der Ordnung muss das Kind die Dinge an genau derselben Stelle vorfinden; vor allem muss es sie in der Umgebung sehen, in der sie verwendet werden (z. B. muss es den Regenschirm im Schirmständer am Eingang sehen, die Jacke auf den Schultern der Mutter, die Zahnbürste im Badezimmer, den Besen in der Küche, usw.). Alles am richtigen Platz zu sehen, gibt dem Kind ein Gefühl der Befriedigung, weil sein Bedürfnis nach Ordnung befriedigt wird. In einer geordneten Umgebung kann sich das Kind orientieren, konzentrieren, denken und das Gelernte abbauen/umsetzen. Eine geordnete Umgebung ermöglicht es ihm, Tag für Tag Bezugspunkte um sich herum aufzubauen, um den Raum, der es umgibt, und seine Emotionen zu bewerten. Ordnung ist daher ein grundlegendes Merkmal der Umgebung.

---

[17] M. MONTESSORI, *Il segreto dell'infanzia*, Garzanti, Mailand, 1950, 68.

Wenn ein Kind sieht, dass die Gegenstände in der Umgebung ungeordnet oder anders angeordnet sind als sonst, gerät es in eine Krise und versucht, seinem Ordnungsbedürfnis durch Weinen Ausdruck zu verleihen. Kinder nehmen ihre Umgebung sehr aufmerksam wahr und können Details wahrnehmen, denen wir Erwachsenen nicht viel Aufmerksamkeit schenken; Wir müssen daher versuchen, die Welt mit ihren Augen zu betrachten, um zu verstehen, was ihre Bedürfnisse sind.

Die Montessori-Methode respektiert das Bedürfnis nach Ordnung, indem sie geordnete und funktionale Umgebungen so nachbildet, dass sich das Kind wohlfühlt, die Fähigkeit entwickelt, sich im Raum zu orientieren und alle Aktivitäten ausführen kann. Während dieser Zeit lernt das Kind die Platzierung von Objekten in der Umgebung, erinnert sich an den Ort, an dem sie sich befinden, und den Zweck, für den sie verwendet werden. Diese besonders sensitive Phase ist sehr wichtig für das Wachstum und die Entwicklung des Kindes, da es lernt, sich in der Umwelt zu orientieren und sie zu beherrschen.

Die sensitive Phase der Sprache

Die Sprache ist die Art der Kommunikation, die wir verwenden, um uns auszudrücken und uns verständlich zu machen. Diese Art der Kommunikation beginnt bereits im Mutterleib, denn der Fötus kann Geräusche wahrnehmen. Nach der Geburt beginnt das Baby Töne von Geräuschen zu unterscheiden und kann nach und nach auch Stimmen erkennen. Die Hauptkommunikationsart des Babys ist das Weinen, aber es ist auch in der Lage, auf Geräuschreize zu reagieren und deren genaue Herkunft zu erkennen; Während dieser Phase ist es in der Lage, Wörter in allen Sprachen der Welt zu lernen und zu erkennen, aber sein Interesse konzentriert sich auf die Sprache, die zur Kommunikation in der Umgebung, in der es lebt, verwendet wird.

Die sensitive Sprachphase ist also eine Phase des unbewussten Lernens, die es dem Kind ermöglicht, alles, was es hört, aufzunehmen und seinen Klang spontan und ohne die geringste Anstrengung wiederzugeben. Es gelingt ihm allmählich, seine Fähigkeit zu entwickeln, Geräusche zu hören und wiederzugeben; Es beginnt zunächst mit einer Lallationsphase, in der es Lautäußerungen und Silben wiedergibt, bis es allmählich zur Aussprache von Wörtern, Sätzen aus Subjekt und Verb und schließlich zu Sätzen mit einem reichen Vokabular und grammatikalisch korrekten Artikulationen kommt. Am Ende dieser Zeit ist das Kind in der Lage, auch mit Fremden zu kommunizieren, Geschichten zu erzählen und seine Neugier durch Fragen auszudrücken.

Die Entwicklungsstufen

Die sensitive Phase ist ein komplexer Wachstumsprozess. Eine genauere Analyse der verschiedenen Stadien der Metamorphose eines Kindes, die in den ersten 3 Lebensjahren aufeinander folgen, wird es uns ermöglichen, sein Lernen, seine psychomotorische Entwicklung und seine Wachstumsmechanismen besser zu verstehen. Dieser Entwicklungsprozess lässt sich in 8 Phasen gliedern, die jeweils durch ein gezieltes Bildungsprojekt gekennzeichnet sind, dessen Ziel die Förderung der Fähigkeiten des Kindes ist. Wir analysieren jede Phase und heben hervor, was in den motorischen, sensorischen und sprachlichen sowie kognitiv-relationalen Bereichen passiert.

Vor der Geburt

Bewegungsbereich: ab der zwanzigsten Woche wird der Fötus aktiver und die Mutter beginnt, seine Bewegungen wahrzunehmen.

Sinnes- und Sprachbereich: die Ohren entwickeln sich und dies ermöglicht dem Kind, Geräusche wahrzunehmen. In der 25. Woche kann der Fötus vertraute Geräusche erkennen, insbesondere die Stimme der Mutter.

Kognitiver und relationaler Bereich: das Kind erkennt Stimmen und ist in der Lage, durch eine Bewegung darauf zu reagieren.

GEBURT

Bewegungsbereich: die Reaktionen des Kindes werden von seinen Instinkten bestimmt. Der Kopf beginnt durch die Kraft des Nackens gestützt zu werden und allmählich lernt das Kind, den Körper und die Hände ausgestreckt zu halten.

Sinnes- und Sprachbereich: sehen, Riechen und Hören sind noch nicht perfekt entwickelt, erlauben dem Kind aber dennoch, die Mutter und alle Wörter in jeder Sprache zu erkennen.

Kognitiver und relationaler Bereich: das Kind kommuniziert hauptsächlich durch Weinen.

VON 0 BIS 3 MONATEN

Bewegungsbereich: das Kind erhöht die Fähigkeit, seinen Kopf zu kontrollieren, den es sogar sich auf dem Bauch befindend aufrecht hält, und die Hände, die es zum Mund führt und mit denen es beginnt, Gegenstände zu greifen.

Sinnes- und Sprachbereich: es beginnt die Fähigkeit zu entwickeln, dem Blick zu folgen und sich auf ein Gesicht zu konzentrieren, Geräusche mit Weinen und Kreischen zu erzeugen und auf Schallreize zu reagieren.

Kognitiver und relationaler Bereich: es beginnt, die Fähigkeit zu entwickeln, sich an seine Umgebung anzupassen, zu unterscheiden, was es mag, und was es nicht mag, und teilt seine emotionalen Zustände mit.

Von 3 Bis 4 Monaten

Bewegungsbereich: das Kind beginnt, den Kopf besser zu heben, Gegenstände zu greifen, diese zu schütteln und zum Mund zu führen.

Sinnes- und Sprachbereich: es kann sich bewegenden Objekten folgen und vertraute Gesichter aus der Ferne erkennen. Es kann Geräusche lokalisieren und die Stimme seiner Mutter erkennen.

Kognitiver und relationaler Bereich: es antwortet mit Vokalen, wenn die Personen um das Kind herum sprechen und es fängt an zu lächeln.

Von 5 bis 6 Monaten

Bewegungsbereich: dank der visuellen Entwicklung beginnt es, Gegenstände mit seinen Händen zu greifen und zu schütteln und die gesichtsmotorische Koordination zu entwickeln.

Sinnes- und Sprachbereich: es beginnt, sich zu der Person, die gerade redet, zu wenden, es folgt dessen Bewegungen und jene der Werkzeuge, die es benutzt; erkennt weithin bekannte Gegenstände und Personen noch besser; Es beginnt, Laute zu erzeugen, Silben zu wiederholen, die aus demselben Konsonanten bestehen, und es reagiert aktiver auf die es umgebenden Geräusche, indem es die Richtung, aus der der Ton kommt, unterscheidet und manchmal versucht, ihn nachzuahmen.

Kognitiver und relationaler Bereich: das Kind entwickelt Ausdrucksfähigkeit sowohl durch das Gesicht als auch durch die Bewegungen des Körpers und lächelt die Erwachsenen spontan an. Es ist eine Zeit, in der es viel spielt.

Von 7 bis 10 Monaten

Bewegungsbereich: das Kind kann mit oder ohne Unterstützung sitzen und kontrolliert sowohl den Kopf als auch den Rumpf gut. In dieser Phase ist die motorische Entwicklung sehr deutlich, da es sitzen, rollen, krabbeln, krabbeln und manchmal sogar aufstehen kann, um das Gleichgewicht zu halten; Es kann sich auch auf die Knie beugen und Gegenstände mit beiden Händen greifen.

Sinnes- und Sprachbereich: diese Phase ist sehr wichtig für die Sprachentwicklung. Das Kind reagiert auf Geräusche und lernt, Silben mit unterschiedlichen Konsonanten auszusprechen. Es hat ein reichhaltigeres Lautplappern und entwickelt einen breiteren Wortschatz. Visuell hat es ein vollständiges Farbsehen und kann sich bewegenden Objekten mit seinen Augen folgen.

Kognitiver und relationaler Bereich: Es erkennt seine Lieblingsspiele, entwickelt organisatorische Fähigkeiten durch seine eigene Routine und spielt mit seinen Eltern; Es beginnt, in den Spiegel zu schauen, reagiert auf die Emotionen seines Nächsten und reagiert auf unterschiedliche Weise vor Fremden. Es beginnt die einzelnen Wörter zu verstehen und zeigt mit dem Finger an, was es will. Es stärkt auch seine Gedächtniskapazität.

Von 11 Bis 13 Monaten

Bewegungsbereich: das Kind kann sich hinsetzen, sein eigenes Gewicht auf seinen Beinen abstützen, Gegenstände koordiniert greifen, teilweise sichtbare Gegenstände erkennen und versuchen, diejenigen zu erreichen, die nicht in seiner Reichweite sind; Es ist sehr neugierig, alles zu entdecken, was in der Umgebung vorhanden ist, und lernt, sich an die Möbel zu lehnen.

Sinnes- und Sprachbereich: die Fernsicht ist voll entwickelt und erhöht die Fähigkeit, sich bewegenden Objekten und Personen zu folgen. In dieser Phase lernt es, die ersten Wörter mit Bezug zur Umwelt auszusprechen (meist mit Konsonanten mit nasalen Lauten wie Mama, Papa, Schlaf).

Kognitiver und relationaler Bereich: es versucht mit dem Erwachsenen zu kommunizieren und versteht kurze Sätze und einfache Befehle. In dieser Phase kann es seine Gefühle und Emotionen durch seine Stimme ausdrücken und zeigt erste Charakterzüge wie Schüchternheit oder Nervosität.

VON 14 BIS 18 MONATEN

Bewegungsbereich: dies ist eine der wichtigsten Phasen, weil sie die Unabhängigkeit des Kindes bestimmt: es lernt den Zweck jedes Gegenstands und seine Verwendung, es benutzt den Löffel alleine, spielt mit Kleidung, es schafft, Gegenstände aus einem Behälter zu entfernen oder sie darin aufzubewahren; es geht auch, läuft und zieht Gegenstände mit sich.

Sinnes- und Sprachbereich: sein Wortschatz wird schrittweise auf bis zu 50 Wörter erweitert. Diese Phase bestimmt den Beginn der Wortschatzexplosion: Das Kind ist in der Lage zu verstehen, dass jedes Wort einem Gegenstand entspricht und dass es sich sprachlich ausdrücken kann.

Kognitiver und relationaler Bereich: es kann denken und sich vorstellen. Es versucht mehr Unabhängigkeit zu erlangen, indem es alleine isst und sich anzieht. Es ist sehr glücklich, mit seinesgleichen zusammen zu sein und zeigt seine Zuneigung auf offensichtliche Weise.

VON 19 MONATEN BIS 2 JAHRE

Bewegungsbereich: das Kind ist völlig autonom; geht die Treppe hoch und runter und hält sich an einer Stütze fest, aber ohne Hilfe; Die motorische

Koordination ist ausgeprägter, da es einfache Zeichen kopieren und Formen erkennen kann. Es ist in der Lage Gegenstände in einem Behälter zu ordnen.

Sinnes- und Sprachbereich: es kann sowohl einfache Wörter als auch Sätze aussprechen, antwortet auf gestellte Fragen, versteht, was andere sagen, und führt kleine Befehle aus.

Kognitiver und relationaler Bereich: in dieser Phase findet eine außergewöhnliche kognitive Entwicklung statt; Das Kind ist in der Lage, Gegenstände bestimmungsgemäß zu verwenden, achtet auf Gespräche und antwortet, findet leicht die Gegenstände und versucht, andere nachzuahmen. Es liebt es, Zeit mit Gleichaltrigen und mit Erwachsenen zu verbringen, indem es seine lebhafte Vorstellungskraft nutzt, um alltägliche Aktivitäten mit anderen zu simulieren. Es zeigt Zuneigung, Schüchternheit und Sorge und hat Angst vor der Distanz seiner Eltern. Trotzdem versucht es immer, neue Entdeckungen zu machen, aber auf umsichtige Weise unter deren Aufsicht.

Von 2 bis 3 Jahren

Bewegungsbereich: Es geht ohne zu stolpern, läuft, kann Treppen steigen und kann springen, in die Pedale treten; es kann Spielzeug zu sich ziehen und größeres tragen; es schafft es, mit dem Bleistift Kreise richtig zu zeichnen und zu kopieren und mit der Schere zu schneiden; Es löst kleine Rätsel und kann Türme bauen.

Sinnes- und Sprachbereich: es kann Farben und Körperteile erkennen und Formen kombinieren. Es spricht verständlich auch mit Fremden, beherrscht Grammatikregeln, beantwortet Fragen und kann kleine Geschichten erzählen. Seine Fähigkeit, Laute auszusprechen, verbessert sich drastisch, sein Vokabular wird reicher und vielfältiger und es kann sich mit über 500 Wörtern ausdrücken; es erwirbt morphosyntaktische Fähigkeiten, die es ihm ermöglichen, einfache Sätze aus Subjekt und Verb zu bilden.

Kognitiver und relationaler Bereich: in dieser Phase zeigt das Kind Emotionen wie Scham, Stolz, Besitzgier und knüpft Kontakte zu Erwachsenen und gleichaltrigen Kindern, indem es gemeinsam Aktivitäten unter Einhaltung der Regeln durchführt. Es beginnt den Geschlechterunterschied zu verstehen, zeigt größere Unabhängigkeit und freut sich über die Gesellschaft von Gleichaltrigen.

Kapitel 4: Die Bedürfnisse des Kindes von 0 bis 3 Jahren

Jedes Lebewesen hat Bedürfnisse oder Notwendigkeiten, die es zu befriedigen sucht, und dies gilt auch für Kinder. Diese Bedürfnisse betreffen nicht nur die körperliche Sphäre wie das Bedürfnis zu essen oder zu schlafen; Sie betreffen auch die emotionale Sphäre und es ist notwendig, sie zu befriedigen, damit das Kleinkind gesund wächst und sich entwickelt. Aber was genau sind die Bedürfnisse eines Kindes von 0 bis 3 Jahren?

Seine Bedürfnisse sind wirklich vielfältig. Einige davon haben wir bereits erwähnt, als wir über die sensitiven Phasen gesprochen haben. Wir haben gesehen, dass ein Kind von Ordnung umgeben sein muss, damit es in seinem Kopf feste Bezugspunkte aufbauen kann; es muss sich bewegen und die Umwelt durch die fünf Sinne selbst entdecken. Alle anderen Bedürfnisse des Kindes hängen immer mit den sensitiven Phasen zusammen und sind:

- das Bedürfnis nach direktem Kontakt zur Mutter;
- das Bedürfnis sich sicher und geborgen fühlen;
- das Bedürfnis Beziehungen aufzubauen;
- das Bedürfnis stabile Orientierungspunkte zu finden;
- das Bedürfnis das seine biologischen Rhythmen respektiert werden;
- das Bedürfnis sich seiner selbst als Individuum bewusst werden;
- das Bedürfnis nach Freiheit und Unabhängigkeit;
- das Bedürfnis eines "maßgeschneiderten" Raumes;
- das Bedürfnis nach Konzentration;
- das Bedürfnis Ihre Hände zu benutzen;
- das Bedürfnis die Natur zu erleben;
- das Bedürfnis nach Stille.

Auf diese zusätzlichen Bedürfnisse des Kindes gehen wir nun eingehender ein, um eine klare Vorstellung davon zu bekommen, wie man diese befriedigen kann.

Das Bedürfnis nach direktem Kontakt mit der Mutter

Das Bedürfnis nach direktem Kontakt mit der Mutter ist eines der Hauptbedürfnisse des Neugeborenen. Bei der Geburt ist es voll und ganz auf sie angewiesen, lernt ihren Geruch und ihre Stimme zu erkennen und versucht durch Weinen und Körperbewegungen mit ihr zu kommunizieren. Die Mutter-Kind-Beziehung wurde immer mit besonderer Aufmerksamkeit untersucht, weil es diese ursprüngliche Bindung ist, die alle Beziehungen und zukünftigen Beziehungen des Kindes beeinflussen wird; Trotz des Umgangs mit vielen Persönlichkeiten, die sein Leben lang wichtig sein werden (Vater, Großeltern, Geschwister usw.), hinterlässt die Mutter-Kind-Bindung einen sehr tiefen Eindruck in der Art und Weise, wie sich das Kind in Beziehung zu anderen sieht und erwartet akzeptiert und geliebt und in seiner Einzigartigkeit verstanden zu sein.

Die Mutter-Kind-Bindung kann auf zwei Arten erfolgen:

- **sicher**: es ermöglicht zu einem Erwachsenen, mit guten Dialogfähigkeiten und Zuhörfähigkeiten heranzureifen, der seine Bedürfnisse kennt und in der Lage ist, darüber zu sprechen;
- **unsicher**: es beinhaltet eine ganze Reihe von Ängsten und Verhaltensweisen, die aus der Angst vor dem Verlassenwerden resultieren. Aus Kindern, die mit einer unsicheren Bindung aufgewachsen sind, werden beziehungsschwache, unsichere Erwachsene mit der ständigen Angst, verlassen zu werden.

Es ist daher sehr wichtig, dass die Mutter dem Kleinen von Geburt an die gebührende Aufmerksamkeit schenkt und darauf achtet, alle seine Bedürfnisse zu befriedigen, um es in einer sicheren Umgebung aufzuziehen, die eine gesunde Entwicklung begünstigt.

Das Bedürfnis, sich sicher und geborgen zu fühlen

Ein Neugeborenes muss sich geschützt fühlen und in einer sicheren Umgebung leben. Dies wird ihm Gelassenheit und Frieden geben und es wird aufwachsen, ohne Gefühle von Angst und Unsicherheit zu erleben, die in dieser heiklen Phase des Persönlichkeitswachstums und der Entwicklung verheerend wären. Kinder, die sich beschützt fühlen, wachsen ruhig, zuversichtlich und selbstbewusst auf. Aber wie können Eltern dafür sorgen, dass sich ihr Kind sicher und geborgen fühlt?

Eine Möglichkeit, dies zu tun, besteht darin, ihm seine Wertschätzung auszudrücken. Ein Kind fühlt sich geschützt, wenn die Eltern seine Grundbedürfnisse befriedigen und in der Lage sind, alle seine Emotionen wahrzunehmen und zu verstehen und rechtzeitig eine verlässliche Antwort geben können. Wenn der Kleine die Liebe seiner Eltern wahrnimmt, fühlt es sich beschützt und verstanden und vertraut darauf, dass er getröstet wird, wenn es traurig ist; Es ist sich sicher, dass ihm nichts passieren wird, wenn es wütend ist, und dass es jemand beschützen wird, wenn es Angst hat. All das gibt dem Kind eine tiefe innere Ruhe und stärkt sein Selbstwertgefühl.

Das Bedürfnis, Beziehungen zu entwickeln

Von Geburt an versucht das Kind zu kommunizieren und eine starke Bindung mit der Bezugsperson aufzubauen; das ist die Figur, die sich um es kümmert, also in erster Linie die Mutter. Während sich das Kind an seine Mutter bindet und eine immer stärkere Bindung zu ihr aufbaut, lernt es dank der Feedback-Reaktionen, die es erhält, sein Verhalten selbst zu regulieren. Der Kontakt zur Bezugsperson wird auch durch seine physiologischen Bedürfnisse wie Essen und Schlafen begünstigt; Diese zeitlichen Strukturen ermöglichen es dem Kind, seine Wahrnehmungen zu entwickeln. Mit der Zeit lernt es, dies auch mit der anderen Elternfigur zu tun, bis hin zu Personen außerhalb des Familienverbandes.

Das Bedürfnis, stabile Bezugspunkte zu finden

Um gut zu wachsen, braucht ein Kind auch stabile Bezugspunkte. Der wichtigste Bezugspunkt ist der der Eltern. Dank ihres Beispiels lernt und unterscheidet es, was richtig und was falsch ist; außerdem lässt es die Gewissheit, dass es die Eltern über alles lieben, an Selbstwertgefühl, Selbstvertrauen und Sicherheit wachsen.

Neben den Elternfiguren, die den größten Bezugspunkt darstellen, muss das Kind auch andere Fixpunkte identifizieren; Einige davon sind in seiner Umgebung vorhanden. Apropos Ordnung, wir haben bereits erwähnt, wie wichtig es für die Kleinkinder ist, dass die Umgebung um sie herum geordnet und organisiert ist; Die Ordnung ermöglicht es dem Kind, stabile Bezugspunkte zu identifizieren, die es ihm ermöglichen, seine eigene beruhigende und gelassene Sicht der Realität zu schaffen und eine innere Ordnung zu strukturieren, die die Bildung seines eigenen Charakters beeinflusst.

Die Ordnung ist nicht nur äußerlich wichtig, sondern auch in Bezug auf Regeln und Routinen; z.B. sich immer in einer bestimmten Reihenfolge an- und auszuziehen, festgelegte Zeiten für Mahlzeiten zu haben, Aufwachen und Einschlafen, immer dieselbe Person zu haben, die ihnen hilft usw. Obwohl diese Details für Erwachsene unbedeutend erscheinen mögen, sind sie für die Kleinen sehr wichtig; Wenn die Notwendigkeit, Bezugspunkte zu finden, nicht respektiert wird, können in der Tat unangenehme Folgen in der Psyche des Kindes auftreten, das versucht, sein Leiden durch Schreie, Wut und unbändiges Weinen auszudrücken. Angesichts dieser Situationen muss der Erwachsene ruhig bleiben und versuchen, das unbefriedigte Bedürfnis zu verstehen, das beim Kind Leiden hervorruft und diese scheinbar übertriebenen Reaktionen auslöst. Wir müssen immer daran denken, dass Kinder auf Details achten, die uns manchmal unbemerkt bleiben, und dass hinter scheinbar unlogischen Verhaltensweisen immer eine rationale innere Erklärung steckt.

Die Befriedigung des kindlichen Bedürfnisses nach stabilen Bezugspunkten ermöglicht es ihm, sich auf räumlicher, relationaler und zeitlicher Ebene zu orientieren und die notwendige innere Sicherheit zu entwickeln, die es ihm ermöglicht, in der Welt zu agieren.

Das Bedürfnis, die biologischen Rhythmen zu respektieren

Kinder müssen in einer lockeren Zeit leben; Dies bedeutet, dass es notwendig ist, ihren biologischen Rhythmus zu respektieren, das heißt ihnen zu erlauben, zu essen, wenn sie wirklich hungrig sind, und zu schlafen, wenn sie wirklich müde sind. Dazu schrieb Maria:

«Das Kind muss das Recht haben, zu schlafen, wenn es müde ist, und aufzuwachen, wenn es ausgeschlafen ist, und aufzustehen, wann es will. Wir empfehlen daher, und viele Familien setzen es bereits um, die Abschaffung des klassischen Kinderbettes und dessen

Ersatz durch ein sehr niedriges, fast bodennahes Bett, auf dem das Kind nach Belieben sitzen, liegen und aufstehen kann».[18]

Die Montessori-Methode basiert auf der Beobachtung von Kindern, um ihre Bedürfnisse zu erfüllen und zu befriedigen. Der Respekt gegenüber den biologischen Rhythmen des Kindes wird es nicht nur ermöglichen, wie wir im vorigen Abschnitt gesehen haben, stabile Bezugspunkte in seinem Geist zu schaffen, sondern es auch schrittweise immer unabhängiger zu machen. Genau für dieses Bedürfnis hat Montessori alternative Betten zu den klassischen Betten geschaffen: Das sind auf den Boden gelegte Matratzen, die es dem Kind ermöglichen, ohne fremde Hilfe aufzustehen und alleine einzuschlafen.

Eine andere Gelegenheit, bei der die Rhythmen des Kindes respektiert werden kann, ist, wenn sich das Kind auf Entdeckung und Bewegung konzentriert. Bei diesen Gelegenheiten übt das Kleinkind, indem es die gleiche Bewegung und die gleichen Aktionen mehrmals wiederholt, bis sie perfekt ausgeführt werden. Es wird bei der Arbeit nicht müde, im Gegenteil, es wächst, weil ihm die Arbeit erlaubt, seine Fähigkeiten zu entwickeln und zu verfeinern. Wenn es konzentriert und in diese Aktivitäten versunken ist, lenken Sie es nicht aus trivialen Gründen ab, denn diese Momente sind grundlegend für die Konstruktion mentaler Bezugspunkte. Indem Sie seine biologischen Rhythmen respektieren, helfen Sie ihm, sich zu konzentrieren und verantwortungsvoll und autonom zu sein.

---

18 M. Montessori, *Il segreto dell'infanzia*, Garzanti, Mailand, 1950,99.

Das Bedürfnis, sich als Individuum selbst bewusst zu werden

Ein weiteres sehr wichtiges Bedürfnis des Kindes ist es, sich seiner selbst als Individuum bewusst zu werden und Erfahrungen zu machen, die seine eigene Persönlichkeit zum Vorschein bringen. Der Hauptzweck der Montessori-Methode ist genau das: jedem Kind zu helfen, sein maximales Potenzial auszuschöpfen und die beste Version seiner selbst zu sein. An dieses Bedürfnis knüpft das Montessori-Prinzip der Freiheit an. Damit ein Kind sich seiner selbst bewusst wird, muss es frei sein: sich frei bewegen, frei tun und entdecken; nur so kann es lernen, sich selbst zu regulieren und Eigenschaften wie Geduld und Umsicht zu entwickeln. Kinder frei zu lassen bedeutet nicht, dass es keine Regeln gibt oder sie schutzlos Gefahren ausgesetzt sind. Es bedeutet, ihnen zu helfen, von klein auf ein tiefes Verantwortungsbewusstsein zu entwickeln.

Über die „gefährlichen" Aktivitäten im Kinderheim sagte Maria Montessori:

«Die realen und allgemeinen Tatsachen unserer Kinder beziehen sich auf eine "Klugheit", die es ihnen ermöglicht, Gefahren zu vermeiden und daher in ihrer Mitte zu leben. Wie zum Beispiel mit Messern am Tisch und auch in der Küche umgehen zu können, Streichhölzer zu handhaben oder Gegenstände oder ein Feuer anzuzünden, unbeaufsichtigt in der Nähe von Wassertanks zu bleiben oder eine Straße in der Stadt zu überqueren. Kurz gesagt, unsere Kinder sind in der Lage, die Taten und gleichzeitig die Kühnheit zu kontrollieren und eine Form des ruhigen und überlegenen Lebens zu bilden. Normalisierung

entspricht also nicht dem Hineinwerfen in Gefahren, sondern der Entwicklung einer Besonnenheit, die es erlaubt, inmitten der Gefahren zu handeln, sie zu kennen und zu beherrschen».[19]

Lassen Sie dem Kind die Freiheit, zu handeln, Fehler zu machen und es erneut zu versuchen, ohne „Das ist falsch!" oder „Pass auf, du verletzt dich!" oder „Nein! Das macht man nicht!" zu sagen. Dies wird es ihm ermöglichen, mit großem Vertrauen in seine Fähigkeiten zu wachsen, trotz seiner Fehler aufzustehen und es erneut zu versuchen, bis es seine Ziele erreicht hat. Sehr oft ersticken extrem fürsorgliche Eltern das Kind, indem sie es keine Erfahrungen machen lassen, aber die Kinder haben das Bedürfnis dies zu tun; Die Befriedigung dieses Bedürfnisses, indem man ihnen die Freiheit lässt, zu experimentieren und aus ihren Fehlern zu lernen, wird es ihnen ermöglichen, Autonomie zu entwickeln und ein immer größeres Maß an Unabhängigkeit zu erreichen.

Das Bedürfnis von Freiheit und Unabhängigkeit

Wir haben bereits gesehen, dass die Freiheit eines der Kardinalprinzipien der Montessori-Methode ist, aber auch ihr Hauptziel. Freiheit ist für das Kind sehr wichtig, um Fähigkeiten zu erwerben und zu entwickeln, die es zur Unabhängigkeit führen, indem es Aufgaben und Arbeiten „allein" ausführt. Von dem Moment an, in dem das Kind seine ersten Schritte macht und seine koordinativen Fähigkeiten verbessert, versucht es, sein Bedürfnis nach Freiheit und Unabhängigkeit geltend zu machen. Allmählich versucht es, sich in Aktivitäten zu vertiefen, die es so reizen, dass es sich nützlich macht, indem es kleine Aufgaben in seiner Reichweite erledigt. Das Kind hat einen großen Wunsch etwas zu tun, zu wissen und was für uns eine Arbeit ist, ist für das Kleinkind eine Quelle des Lernens; Es wird nicht müde von der Arbeit,

---

19 M. MONTESSORI, *Il segreto dell'infanzia*, Garzanti, Mailand, 1950, 241.

sondern steigert seine Energie und verbessert seine eigene Entwicklung. Oftmals versucht der Erwachsene im Glauben, dem Kind Gutes zu tun, es von Aktivitäten abzuhalten, die ermüdend oder langwierig sein könnten und ihm Ruhe verschaffen, aber dies widerspricht seinen Bedürfnissen. Zu diesem Problem sagte Maria Montessori:

> *«Wer versteht nicht, dass es eine viel längere, schwierigere und geduldigere Arbeit ist, einem Kind das Essen, Waschen und Anziehen beizubringen, als es zu füttern, zu waschen und anzuziehen? Alles, was unnütze Hilfe ist, ist ein Hindernis für die Entfaltung der Naturkräfte».* [20]

Es mag zwar bequemer sein, Ihr Baby auf dem Schoß oder in einem Kinderwagen zu tragen oder es anzuziehen, aber tun Sie dies nicht! Lassen Sie es die Dinge von alleine machen. Das bedeutet, dass es länger braucht, um mit den Beinen ein Stück der Straße zu gehen, sich anzuziehen, seine Schuhe zu binden, sich zu waschen usw., aber allein durch all diese Aktivitäten gewinnt es an Selbstvertrauen und erreicht einen immer höheren Grad der Freiheit und der Unabhängigkeit. Der Erwachsene muss nur viel Geduld haben und das Kind diese Bedürfnisse befriedigen lassen.

Das Bedürfnis eines "maßgeschneiderten" Raums

Das Kind muss in allen Phasen seines Wachstums in einem "maßgeschneiderten" Umfeld sein. Da sich seine "Maßnahmen" schnell ändern, ist es zur Befriedigung seiner Bedürfnisse notwendig, einige Räume des Hauses schrittweise an seine Bedürfnisse anzupassen. Sehen wir mal, wie das gemacht werden kann.

---

[20] M. MONTESSORI, *Educare alla libertà*, Laterza, Bari, 1950, 49-50.

Ab dem dritten Monat entwickelt das Baby das Sehen und die gesichtsmotorische Koordination. Die sensorische Verbesserung ermöglicht es ihm, sich umzusehen und mit der Umgebung zu agieren, und aus diesem Grund braucht es einen maßgeschneiderten Raum, der es nicht nur erlaubt, sich umzusehen, sondern sich auch zu bewegen.

Dann geht es von den Armen der Mutter auf den Boden über. In dieser Phase bietet es sich an, eine mindestens einen Quadratmeter große Matte zu verwenden, auf der es seine Erkundungsreise bäuchlings antreten kann.

Mit 8 Monaten hat es einige Bedürfnisse mehr: Es braucht nicht nur einen weichen und gut definierten Platz, sondern auch einen horizontalen Spiegel, Rasseln und eine Schatztruhe. Sobald es sich selbstständig bewegen kann, möchte es eine größere Fläche zur Verfügung haben. Um diesem Bedarf gerecht zu werden, ist es notwendig, sein Zimmer zu organisieren und kleine Änderungen in den Gemeinschaftsbereichen vorzunehmen.

Mit 2 Jahren wird es bereits autonom gehen und versuchen, alles zu erreichen und in Besitz zu nehmen, was seine Neugier weckt. Es wäre daher ratsam, alle zerbrechlichen und gefährlichen Gegenstände aus seiner Reichweite zu entfernen, nicht nur, weil es sie zerbrechen und sich verletzen könnte, sondern auch, weil die Tatsache, dass es sie nicht mitnehmen kann, Frustrations- und Krisengefühle hervorrufen könnte. Im zweiten Teil dieses Buches werden wir genauer sehen, wie einige Räume des Hauses eingerichtet werden können, um dieses Bedürfnis des Kindes zu befriedigen.

Das Bedürfnis nach Konzentration

Die Konzentration ist die Fähigkeit, die Aufmerksamkeit dauerhaft auf ein bestimmtes Element oder eine Aktivität zu richten. Diese Fähigkeit wird nicht im Erwachsenenalter erworben, sondern kann bei Kindern bereits in wenigen Lebenswochen sich manifestieren. Tatsächlich konzentrieren sie sich stark auf Reize von außen sowie auf die Bewegungen von Objekten, die an der

Wiege aufgehängt sind, auf Stimmen und auf alles um sie herum. Mit zunehmendem Alter nimmt ihre Konzentrationsfähigkeit zu und sie sind in der Lage, reale Aktivitäten durchzuführen, um die visuell-motorische Koordination zu erreichen. Wenn ein Kind hochkonzentriert bei seiner Arbeit ist, kann es nichts und niemand von seiner Tätigkeit ablenken, nicht einmal Hintergrundgeräusche.

Die Konzentration impliziert daher eine absolute Fokussierung auf das zu erreichende Ziel; daraus leitet sich eine starke Positivität und Befriedigung für die eigene Arbeit ab. Je größer die Konzentration, desto größer die Chance, dass alle äußeren Ablenkungen komplett ignoriert werden (selbst wenn es um physiologische Bedürfnisse geht). Der Motor der Konzentration ist das Interesse. Wie wir gesehen haben, sieht die Montessori-Methode vor, dass das Kind das Arbeitsmaterial frei wählen kann; Das bedeutet, dass das Kind sich dafür entscheidet, weil es ein starkes Interesse an dieser bestimmten Aktivität hat. Die Intensität der Konzentration variiert je nach Altersgruppe; Beispielsweise verbringt das Kind mit 6 Monaten viel Zeit damit, Gegenstände von einer Hand in die andere zu übertragen, während es mit 15 versucht, schwere Gegenstände zu tragen, indem es die gleichzeitige Koordination der oberen und unteren Gliedmaßen übt.

Das Bedürfnis der Konzentration führt zur Wiederholung der Handlung, bis die Perfektion erreicht ist. Tatsächlich wiederholt das Kind die Übung mit maximaler Konzentration, bis sein inneres Bedürfnis befriedigt ist. Konzentration ermöglicht es ihm, andere Qualitäten wie Geduld, Ausdauer und Selbstdisziplin zu entwickeln, die es wiederum dazu bringen, zu üben und seine Fehler zu korrigieren, bis es die absolute Kontrolle über seine Handlungen hat.

Doch wie können wir Kindern auf diesem Weg helfen? Es ist notwendig, auf mehrere Faktoren zu achten:

• **Die Reize begrenzen**: Kinder brauchen nicht viele Reize, aber sie müssen wenige und von hoher Qualität sein. Zu viele Reize hindern sie daran, sich zu konzentrieren, weil ihre Aufmerksamkeit schnell von einem Reiz zum anderen wandert, ohne sich wirklich auf etwas zu konzentrieren.

• **Isolieren Sie die Qualitäten:** Wir haben gesagt, dass das Material, das dem Kind angeboten werden soll, klein und gut ausgewählt sein muss. Es wäre besser, Objekte mit zu vielen Materialien und Farben zu vermeiden; sie sollten wenige klare und wahrnehmbare Qualitäten haben. Wenn es beispielsweise Ihr Ziel ist, Ihr Kind auf Gerüche aufmerksam zu machen, können Sie ihm Geruchssäckchen aus dem gleichen Material und der gleichen Größe, aber mit unterschiedlichen Gewürzen anbieten. Auf diese Weise wird es dem Kind leichter fallen, seine ganze Aufmerksamkeit auf den Geruchssinn zu richten.

• **Unterbrechen Sie es nicht unnötig:** Wir müssen jede Aktivität von Kindern respektieren, ohne sie zu unterbrechen. Obwohl es wie eine triviale Aktivität erscheinen mag, wie das Öffnen und Schließen einer Schublade, macht das Kind eine beträchtliche mentale und muskuläre Anstrengung, um sich an dieser Aktion zu beteiligen. Es ist daher notwendig, in absoluter Stille zu bleiben. Auch Lob kann eine Quelle der Ablenkung sein und einer Erfahrung innerer Bereicherung und psychischer Entwicklung ein Ende bereiten. Konzentration erlaubt dem Kind, seinen Geist zu entwickeln und seine Persönlichkeit aufzubauen. Es ist daher sehr wichtig, ihm die notwendige Zeit zu geben, um die Tätigkeit abzuschließen, in die es eingetaucht ist.

Das Bedürfnis, die Hände zu benutzen

In ihrem Buch *Il Segreto dell'Infanzia* definierte Maria Montessori die Hand als:

«dieses feine Organ, kompliziert in seiner Struktur, das es der Intelligenz erlaubt, sich nicht nur zu

manifestieren, sondern auch in besondere Beziehungen mit der Umgebung einzugehen».[21]

Die Hände sind daher das erste Werkzeug, das das Kind benutzt, um seine Ziele zu erreichen, sein Wissen zu erforschen und zu erweitern, indem es erlebt, was es umgibt. Aus ihrem Studium lernte Maria Montessori auch:

«wenn das Kind aufgrund besonderer Umweltbedingungen seine Hand nicht benutzen kann, bleibt sein Charakter auf einem sehr niedrigen Niveau. Es bleibt unfähig gegenüber Gehorsam, Initiative; es bleibt faul und traurig; während das Kind, das in der Lage war, mit seinen eigenen Händen zu arbeiten, eine deutliche Entwicklung und Charakterstärke zeigt».[22]

Der Gebrauch der Hände hat einen starken Einfluss auf den Verstand des Kindes, das zuerst denkt und dann mit seinen kleinen Händen handelt. Die Wiederholung von Bewegungen ermöglicht es dem Kind, die Koordination zu entwickeln, und je mehr es eine bestimmte Bewegung übt, desto besser werden Ausführung und Koordination. Zunächst wird es sich darauf beschränken, die Gegenstände in seinen Händen zu studieren, dann wird es präzisere Bewegungen ausführen und mit zunehmendem Alter wird es in der Lage sein, Aktivitäten des täglichen Lebens wie Geschirrspülen, Boden fegen, Nähen usw. auszuführen. All diese Aktivitäten entwickeln den Verstand des Kindes auf außergewöhnliche Weise und bauen seine Persönlichkeit und seinen Charakter auf. In diesem Zusammenhang weist Maria darauf hin, dass:

---

[21] M. MONTESSORI, *Il segreto dell'infanzia*, Garzanti, Mailand, 1950,108.
[22] M. MONTESSORI, *La mente del bambino*, Garzanti, Mailand, 1952, 152.

«Alle diese Übungen, die die Bewegungskoordination fördern, werden durchgeführt, um ein bestimmtes Ziel zu erreichen, das vom Verstand betrachtet wird. Bei diesen Übungen bewegen Kinder nicht nur ihre Muskeln, sondern bringen Ordnung in ihren Verstand und bereichern ihn» [23]

Ein Kind, das sich mit Aktivitäten beschäftigt und vollständig darin versunken ist, zeigt, wie Montessori sagte, nicht nur eine große „Charakterstärke", sondern ist auch in der Lage, eine „Ordnung" in seinem Verstand zu schaffen. In dieser Hinsicht haben die neuesten neuropsychiatrischen Studien gezeigt, dass der Verstand des Kindes durch Beobachtung und Bewegung abstrakte Prinzipien ausarbeitet, die für die kognitive Entwicklung notwendig sind. Durch Beobachtung und Handlung erlernt und prägt sich das Kind eine große Menge prozeduraler Informationspakete ein und legt eine solide Grundlage, um die eigenen Bewegungen in abstrakte Konzepte umzuwandeln.

Eine Möglichkeit, dem Kind dabei zu helfen, diesen Bedarf zu decken, besteht darin, ihm geeignetes Material für die verschiedenen Lernstufen zur Verfügung zu stellen und ihm zu ermöglichen, einfache Aufgaben im Haushalt zu erledigen.

Das Bedürfnis, die Natur zu erleben

Ein weiteres sehr wichtiges Bedürfnis des Kindes ist es, die Natur zu erleben. Die Kinderheime sind sehr sensibel in Bezug auf dieses Thema und um diesem Bedürfnis gerecht zu werden, sind sie mit Gärten, Pflanzen, Gemüsegärten und sogar Tieren wie Vögeln oder Fischen ausgestattet. Wenn Sie die

[23] M. MONTESSORI, *La scoperta del bambino*, Garzanti, Mailand, 1970,332.

Möglichkeit haben, können Sie ein Haustier adoptieren, damit Ihr Kind lernen kann, sich um es zu kümmern.

Das zunehmend technologische Zeitalter, in dem wir leben, treibt Kinder und Erwachsene von der Natur weg. Sehr oft werden Kinder zeitlich unbegrenzt in der „Obhut" von TV und Tablets gelassen und erleben so gut wie nie die Natur. Kinder müssen die Natur entdecken. Wenn Sie an Orten leben, die von Natur umgeben sind, wie auf dem Land, am Meer, in den Bergen, nutzen Sie jede Gelegenheit, um Ihr Kind mit der Natur in Kontakt zu bringen. Wohnen Sie hingegen in der Stadt, können Sie die Grünflächen wie Parks und Gärten nutzen. Sie können mit den Blättern spielen, sie die verschiedenen anwesenden Tiere entdecken lassen, mit Pfützen spielen, Blumen sammeln usw. Im zweiten Teil dieses Leitfadens haben wir einen Platz reserviert, der einfachen und unterhaltsamen Outdoor-Aktivitäten gewidmet ist, die Sie zusammen mit Ihrem Kleinkind unternehmen können, um den Kontakt mit der Natur zu fördern und ihm zu ermöglichen, eine starke Sensibilität, Neugier und Respekt für das zu entwickeln, was es umgibt.

Das Bedürfnis nach Stille

Während ihres Studiums der Beobachtungen und des Verständnisses kindlicher Verhaltensweisen verstand Maria Montessori, dass Stille eines der Grundbedürfnisse des Kindes ist; deshalb ist eines der Prinzipien ihrer Methode gerade die Gewinnung der Stille und die Befriedigung dieses Bedürfnisses. Wir haben bereits erwähnt, wie wichtig das Schweigen ist und dass es eine große Leistung des Kindes ist. In traditionellen Schulen wird Schweigen als Strafe verhängt; Maria Montessori hingegen sah in der Stille ein wertvolles Element, das es zu suchen galt. Nur in der Stille ist es möglich, sich maximal zu konzentrieren und sich auf Geräusche und Details zu konzentrieren, die durch Lärm und Verwirrung nicht wahrgenommen werden können. Die Gewinnung der Stille begünstigt die Harmonie.

Da Kinder mehr durch Tun und Spielen lernen, erfand Maria Montessori das Spiel der Stille, um den Kindern die Schönheit und die Kraft der Stille verständlich zu machen. Während des Spiels mussten die Kinder so lange wie möglich still sein und den Geräuschen der Vögel, des Windes und des Regens lauschen. Alle waren sehr aufgeregt, als sie dieses Spiel spielten. Die Stille gab den Kindern eine weitere Gelegenheit zu lernen, tiefer zu erleben, zu entdecken, sich zu konzentrieren und Ordnung in ihrem Verstand zu schaffen.

Kapitel 5: Die Rolle der Eltern

In den vorangegangenen Kapiteln haben wir gesehen, dass die Montessori-Methode auf der Freiheit des Kindes, auf Selbsterziehung, Unabhängigkeit und Selbstdisziplin basiert. Es scheint fast so, als hätte die Figur der Eltern keine große Bedeutung für Wachstum und Lernen. Was ist also die Rolle der Eltern?

Auch wenn das Kind selbst die Welt kennenlernt, ist die Figur der Eltern sehr wichtig: Ihre Aufgabe ist es, eine leitende Figur zu sein. Der Erwachsene muss dem Kind helfen, seine Aufgabe in der Welt zu erfüllen; er muss es auf seinem Wachstumspfad begleiten, indem er seine Bedürfnisse in den verschiedenen Altersgruppen identifiziert und ihm die geeigneten Aktivitäten für eine schrittweise und vollständige Entwicklung anbietet. Um Kinder frei, glücklich und in der Lage, ihre eigenen Entscheidungen unabhängig und autonom zu treffen, zu formen, müssen die Eltern mehrere Faktoren berücksichtigen. Sehen wir uns einige von diesen an.

Behandeln Sie Ihr Kind mit Respekt

Behandeln Sie Ihr Kind mit dem gleichen Respekt, den Sie einem Erwachsenen entgegenbringen würdest. Geben Sie ihm keine Befehle, sondern kommunizieren Sie ruhig und geduldig mit ihm und stellen Sie sich auf die gleiche Ebene wie das Kind; schauen Sie es nicht von oben bis unten an, sondern gehen Sie in die Knie und schauen Sie ihm direkt in die Augen, wenn Sie mit ihm sprechen; reden Sie vor anderen nicht über Ihr Kind oder, noch schlimmer, schlecht über es. Versuchen Sie, eine Beziehung aufzubauen, die auf gegenseitigem Respekt basiert, ohne es zu zwingen, Ihnen Zuneigung zu zeigen und Sie zu umarmen, wenn es das nicht will; Nutzen Sie vielmehr die Gelegenheiten, wenn es es möchte. So behandeln Sie Ihr Kind mit Respekt wie einen kleinen Erwachsenen.

Erfülle seine Bedürfnisse

Im vorigen Kapitel haben wir gesehen, welche die Bedürfnisse eines Kindes von null bis drei Jahren sind; Ihre Aufgabe als Elternteil ist es, diese zu erfüllen. Wenn Kinder klein sind, haben sie weder die Vorstellung von Zeit, die wir Erwachsenen haben, noch können sie sie verstehen. Legen Sie ihm daher keine Essens- oder Schlafzeiten fest, sondern bemühen Sue sich, **seinen biologischen Rhythmus** zu respektieren. Nehmen Sie sich etwas Zeit, um die Bedürfnisse des Kindes noch einmal zu lesen, und fragen Sie sich immer, was Sie verbessern können, um sein Wachstum und seine Entwicklung zu fördern.

Folgen Sie seinen Interessen

Um den Interessen deines Kindes nachzugehen, mussen Sie sich jeden Tag darin üben, es still zu beobachten und ihm die Freiheit zu lassen, sich auszudrücken; Auf diese Weise können Sie verstehen, woran es wirklich interessiert ist. Um diese Beobachtungsfähigkeit zu entwickeln, ist es wichtig, eine Umgebung um das Kleinkind herum zu schaffen, die sein Interesse weckt.

Wie wir gesehen haben, bedeutet seine Freiheit respektieren nicht, es sich selbst und in einer Umgebung voller Gefahren zu überlassen. Ihre Aufgabe ist es, auf das Kind aufzupassen, indem Sie es seine Kreativität zum Ausdruck bringen lassen und es angesichts potenziell gefährlicher Situationen korrigieren.

Kommunizieren und beziehen Sie es mit ein

Von einem frühen Alter an, auch wenn Ihnen das Kind sehr klein erscheinen mag, kommunizieren Sie mit ihm, sprechen Sie mit ihm und beziehen Sie es in Aktivitäten ein. Auch wenn es noch nicht antworten oder sich ausdrücken kann, versteht es Sie und entwickelt Tag für Tag seine Verständnisfähigkeit. Betrachten Sie es daher sofort als denkendes Individuum.

Nutzen Sie positive Disziplin

Wenn Sie sich auf Ihr Kind beziehen, müssen Sie viel Geduld haben. Dazu gehört auch, jede Art von **verbaler oder körperlicher Bestrafung zu vermeiden**, es anzuschreien, zu drohen und ihm negative Spitznamen oder Attribute wie „böse“ zu geben. Ermutigen Sie es und wenden Sie positive Disziplin an, ohne es zu bestrafen, sondern erklären Sie die Gründe, warum es eine bestimmte Sache nicht tun sollte, z. B. die Veranschaulichung der Folgen einer gefährlichen Situation. Das bedeutet nicht, dass Sie ihm alle Situationen bewusst machen müssen, aber Sie müssen ihm helfen zu verstehen, was gut und was schlecht ist, damit es eine Erklärung finden kann. Wenn es also etwas tun möchte, es aber nicht tun kann, weil es gefährlich ist, sagen Sie nicht einfach *"Bleib still!"* oder *"Tu das nicht!"* oder *"Du verletzt dich!"* aber erklären Sie ihm **ganz ruhig und geduldig**, was passieren könnte und was ihm begegnen könnte.

Wenn es einen Wutanfall hat, versuchen Sie zu verstehen, was der wahre Grund für sein Unbehagen ist oder für den Mangel an Bedürfnis, der es zum

Weinen und Schreien bringt. Was für uns unverständliche übertriebene Reaktionen sind, ist für Kinder Ausdruck eines inneren Unbehagens. Der Versuch, sie vollständig zu verstehen, wird ihnen helfen, Selbstvertrauen und positive Einstellung zu entwickeln, selbst wenn sie sich auf andere beziehen. Schließlich sind Babys "Schwämme", also wird sich die Beziehung ihrer Eltern zu ihnen in der Beziehung der Kleinen zu anderen widerspiegeln.

Aber ist es möglich, die Ausbrüche des Kindes zu vermeiden? Manchmal ja, sehen wir wie:

- Vermeiden Sie Orte, die es ermüden oder aufregen können;
- Sagen Sie ihm im Voraus, was Sie tun oder wohin Sie gehen werden, und halten Sie dann Ihr Versprechen;
- Setzen Sie Grenzen und erklären Sie dem Kind im Voraus, was Sie tun oder nicht tun werden oder was Sie kaufen und was Sie nicht kaufen möchten, und geben Sie dann nicht nach (Ihr "Ja" muss ein "Ja" und ein "Nein" ein "Nein" sein)
- Dinge ruhig und gelassen erledigen;
- Erstellen Sie mit Ihrem Kind angenehme Routinen, wie z. B. gemeinsame Aktivitäten oder das Lesen eines Buches immer zur gleichen Zeit.

Manchmal reicht es jedoch nicht aus, alles zu tun, um die Ausbrüche des Kindes zu vermeiden, denn während es heranwächst, wird es immer versuchen, diese Grenzen herauszufordern. Was also tun, wenn Ihr Kind einen Wutanfall hat?

- Bleiben Sie ruhig und greifen Sie nicht zum Zwang, Drohungen oder Gewalt;
- Nehmen Sie es zur Seite und reden Sie ruhig mit ihm und versuchen Sie immer den Grund für seinen Zorn zu verstehen;
- Versuchen Sie, es zu trösten, indem Sie immer eine positive, ruhige und verständnisvolle Haltung einnehmen;
- Das Kind zu isolieren wird ihm helfen zu reflektieren und sich zu beruhigen;

- Fragen Sie es, ob es ihm besser geht und zeigen Sie ihm durch kuscheln, dass Sie ihm nicht böse sind.

Geben Sie ihm die Möglichkeit, neue Erfahrungen zu machen

Halten Sie das Kind nicht davon ab, neue Erfahrungen zu machen, nur weil Sie denken, dass es für das Kind unmöglich ist. Kinder müssen selbst herausfinden, wo ihre Grenzen liegen, und das können sie nur durch Erfahrung. Auch wenn einige Aktivitäten nicht für ihr Alter geeignet sind, lassen Sie sie versuchen; Auf diese Weise entwickeln sie die Fähigkeit, sich selbst zu regulieren und zu unterscheiden, was sie können und was sie noch nicht können. Vertrauen Sie ihnen und lassen Sie sie verschiedene Arten von Aktivitäten ausführen, einschließlich häuslicher. Wenn Sie ihnen die Möglichkeit geben, sich an täglichen Aufgaben zu beteiligen, können sie üben, neue Fähigkeiten erwerben und sich für ihre Arbeit befriedigen.

Unterbrechen Sie nicht den Konzentrationsfluss

Im vorigen Kapitel haben wir viel über das Konzentrationsbedürfnis des Kindes gesprochen. Wenn Sie sehen, dass Ihr Kind in eine bestimmte Tätigkeit vertieft ist, lassen Sie es in Ruhe arbeiten und unterbrechen Sie seine Konzentration nicht; In diesem Moment arbeitet der Verstand des Kindes aktiv daran, mentale Muster aufzubauen. Eine Unterbrechung dieses Prozesses kann dem Lernen schaden. Unterbrechen Sie es nicht unnötig mit Ihren Worten, sondern geben Sie ihm Zeit, seine Tätigkeit schweigend zu beenden; Auf diese Weise fördern Sie seine Konzentration.

Bieten Sie ihm Wahlmöglichkeiten an

Geben Sie Ihrem Kind die Möglichkeit zu wählen, was es bevorzugt. Wenn es zum Beispiel lernt, sich anzuziehen, lassen Sie es wählen, was es anziehen soll, indem Sie ihm Möglichkeiten geben, oder, wenn es einen Snack braucht, geben Sie ihm Optionen zur Auswahl. Wenn Sie dem Kind erlauben, freie Entscheidungen zu treffen, ohne ihm Dinge aufzuzwingen, geben Sie ihm die Möglichkeit, die Fähigkeit zu entwickeln, Entscheidungen zu treffen, zu argumentieren und zu verstehen, was seine Bedürfnisse sind; Sie werden ihm helfen, ein selbstbewusster Erwachsener zu werden, der in der Lage ist, zu argumentieren und zu entscheiden.

Begrenzen Sie die Anzahl der zur Verfügung stehenden Spiele

Als Maria Kinder in Heimen beobachtete, bemerkte sie, dass die Kinder, obwohl es viele Spielsachen zur Auswahl gab, diese völlig ignorierten, um sich an produktiven Aktivitäten zu beteiligen. Dies lässt uns verstehen, dass es nicht notwendig ist, Kinder mit Spielzeug zu überhäufen, sondern dass es notwendig ist, ihnen Materialien zur Verfügung zu stellen, die sie faszinieren und ihnen ermöglichen, Fähigkeiten und Fertigkeiten zu entwickeln. Kinder wählen Spielzeug nur aus Langeweile, wenn ihnen keine Aktivität angeboten wird, die sie zufriedenstellt.

Fragen Sie sich beim Kauf von Spielzeug für Ihre Kinder: Wozu dient es? Helfen sie meinem Kind, Entscheidungen zu treffen? Ermutigen sie es, seine Hände zu erforschen und zu benutzen?

Stellen Sie nicht zu viel Material zur Verfügung, da dies das Kind ablenken und an der Konzentration hindern könnte; Geben Sie ihm immer nur ein wenig Material und bringen Sie ihm mit zunehmendem Alter bei, aufzuräumen, sobald es mit der gewünschten Aktivität fertig ist.

Ermutigen Sie, aber belohnen Sie nicht

Einer der Grundsätze der Montessori-Methode ist die Abschaffung von Strafen für Kinderklassen. Auch Eltern können diesen Grundsatz respektieren, indem sie ihre Kinder nicht mit Ausdrücken wie „Wie schlau du doch bist!" oder "Du bist sehr gut!" belohnen. Freuen Sie sich über die Erfolge Ihres Kindes, aber nur dann, wenn es wirklich Fortschritte macht; gratulieren Sie ihm zu nichts, was es tut. Wenn es zum Beispiel den Tisch selbst gedeckt hat, anstatt zu sagen, wie gut es ist, können Sie sagen, dass es Ihnen gefällt, wie es diesen deckt. Ein solcher Ansatz ist weitaus lohnender, als für irgendetwas gelobt zu werden. Denken Sie daran, es zu würdigen und Respekt zu zeigen, so wie Sie es mit einem Erwachsenen tun würden.

Sagen Sie ihm immer die Wahrheit

Vertrauen ist die Grundlage aller Beziehungen. Bemühen Sie sich immer, es auch bei Ihrem Kind zu pflegen. Lügen Sie es nicht an und machen Sie keine Versprechungen, die Sie nicht halten können. Erklären Sie ihm auf einfache Weise die Gründe für Ihre Entscheidungen; wenn Sie es zum Beispiel jemandem anvertrauen müssen, sagen Sie ihm, warum Sie weg müssen und wann Sie zurückkommen; Verlasse es nicht ohne es zu warnen, sonst könnten Sie unnötige Trennungsängste in ihm hervorrufen und es könnte wirklich übertriebene Reaktionen haben, falls es mehrmals passiert.

Schalten Sie den Fernseher aus

Sehr oft geben Eltern ihre Kinder in die Obhut des „Fernseh-Babysitters". Zahlreiche Studien haben gezeigt, dass es ihre Lernfähigkeit hemmt, wenn Sie Ihre Kinder stundenlang vor dem Fernseher sitzen lassen. Die schnelle Abfolge von Bildern und Tönen beeinträchtigt die Konzentration von Kindern und kann zu Sprach- und Lernstörungen führen. Schalten Sie den Fernseher aus und beziehen Sie Ihr Kind in Aktivitäten ein, die es ihm ermöglichen, mit den 5 Sinnen zu experimentieren, um sprachliche, motorische und kognitive Fähigkeiten zu entwickeln. Arbeiten Sie an seinem Verstand und erlauben Sie ihm zu tun und zu experimentieren. Im zweiten Teil dieses Leitfadens finden Sie viele nützliche Ideen für praktische Aktivitäten, die Sie gemeinsam mit ihm vorschlagen und durchführen können.

Teil II: Montessori-Aktivitäten

Kapitel 6: Das Haus nach der Montessori-Methode organisieren

Die Montessori-Methode ist keine Methode, die ausschließlich im schulischen Umfeld angewendet wird, sondern kann auch zu Hause angewendet werden. Die Organisation von Räumen nach der Montessori-Methode ermöglicht Ihnen:

- Ermutigen Sie das Kleinkind, autonom und unabhängig zu sein;
- Lassen Sie es an der Verwaltung der Hausarbeit teilhaben und aktiv werden;
- Bieten Sie ihm personalisierte Räume, in denen es sich entspannen, gestalten und wachsen kann;
- Seine Konzentration entwickeln;
- Verantwortungsbewusstsein für die eigenen Dinge entwickeln.

In diesem Kapitel werden wir sehen, wie wir die Räume des Hauses organisieren können, um den Bedürfnissen der Kleinen gerecht zu werden und ihre Fähigkeiten, Autonomie, Kreativität und Entscheidungsfähigkeit zu entwickeln. Die Umgebung, in der das Kind die meiste Zeit verbringen wird, ist das Kinderzimmer, und gerade auf die Organisation dieser Umgebung werden wir uns konzentrieren; Im Folgenden werden wir andere Bereiche des Hauses analysieren und sehen, wie es möglich ist, sie zu organisieren, um das Interesse des Kindes zu wecken und es bei seinen Aktivitäten zu unterstützen.

5 Tipps für die Organisation Ihres Zuhauses im Montessori-Stil

Kinderfreundlich

So wie sich die Kinderhäuser durch eine kindgerechte Einrichtung auszeichnen, versuchen Sie, die Möbel so zu organisieren, dass das Kind "maßgeschneiderte" Ecken im Haus hat, wo es niedrige Tische, Stühle, Bücherregale und Gegenstände gibt, die es ohne nach Hilfe zu fragen alleine tragen kann.

Aus seiner Sicht

Wenn Sie das Haus organisieren, versuchen Sie, sich in seine Lage zu versetzen, indem Sie sich auf seine Höhe senken und mit seinen Augen schauen. So erkennen Sie Gefahren oder Probleme in der Umgebung, die behoben werden müssen.

Ordnung

Wir haben gesehen, dass Ordnung ein Grundbedürfnis des Kindes ist. Organisieren Sie das Haus und die vom Kind genutzten Räume so, dass jedes

Material seinem Zweck und seiner Verwendung entsprechend seinen eigenen Platz hat. Erstellen Sie zum Beispiel eine Ecke nur zum Lesen, eine zum Schlafen usw. Auf diese Weise wird es seinen Sinn für innere Ordnung schulen können. Wir werden diesen Aspekt vertiefen, indem wir die Eigenschaften jedes Raums im Haus analysieren.

Weniger ist mehr

Kinder bevorzugen einfache, aber gut organisierte, saubere und aufgeräumte Räume. Diese Eigenschaften ermöglichen es ihnen, eine starke Konzentration zu entwickeln und Ordnung im Verstand und in den Gedanken zu schaffen. Bieten Sie ihnen jeweils ein paar Aktivitäten an, damit sie ihre Aufmerksamkeit ohne unnötige Ablenkung darauf richten können. Bieten Sie zusätzliche Aktivitäten nur dann an, wenn das Kind die bereits vorhandenen beherrscht und sich damit langweilt.

Natur zu Hause

Die Montessori-Methode erfordert, dass Kinder einen starken Kontakt zur Natur entwickeln, indem sie sie beobachten und darüber meditieren. Eine Möglichkeit, dieses Bedürfnis zu Hause zu befriedigen, besteht darin, einige Bereiche des Hauses mit Pflanzen zu dekorieren. Wenn das Kind sie beobachtet, denkt es darüber nach, wie sie wachsen, sich verändern und entwickeln; Es lernt, dass sie Wasser brauchen, um zu wachsen, und es lernt auch, sich um sie zu kümmern, und entwickelt einen starken ethischen Sinn.

Das Kinderzimmer

Das Zimmer eines kleinen Kindes muss als multifunktionaler Raum betrachtet werden, denn hier wird es verschiedene Aktivitäten wie Schlafen, Spielen, Lesen und Faulenzen ausführen; das Zimmer enthält daher die ganze Welt des Kindes. Es sollte eine Umgebung sein, in der sie eine warme, entspannende Atmosphäre atmen können, die Ruhe inspiriert. Zu diesem Zweck sollte bei der Auswahl der Farben der Wände darauf geachtet werden, neutrale und helle Unifarben zu bevorzugen; Wenn Sie sich für eine Elfenbeinfarbe entscheiden, reflektiert diese ein warmes Licht im ganzen Raum. Da der Zweck darin besteht, die Beobachtungs- und Vorstellungskraft des Kindes anzuregen, können Sie an den Wänden Tapeten mit Zeichnungen anbringen, die Berge, eine Landschaft, einen Wald, das Meer oder Sternbilder und den Weltraum darstellen. Sie können es von einem Dekorateur anfertigen lassen oder, wenn die Zeichnungen so einfach wie Berge sind, mit Hilfe von Papierklebeband selbst anfertigen.

Ein Kinderzimmer im Montessori-Stil einzurichten bedeutet daher, die pädagogischen Prinzipien dieser Methode durch Einrichtungsgegenstände eines bestimmten Typs so anzuwenden, dass sich das Kind frei und unabhängig fühlt. Das Kinderzimmer muss ein Raum sein, der buchstäblich proportional zur Größe des Kindes ist; Alle vorhandenen Möbel, einschließlich der Lichtschalter, müssen vom Kind ohne die Hilfe eines Erwachsenen verwendet und verwaltet werden können. Wählen Sie ein paar Gegenstände aus, die Sie aufbewahren möchten, und sorgen Sie dafür, dass das Zimmer immer in Ordnung ist. Die Objekte müssen von guter Qualität sein, kindgerecht sein und seine Aufmerksamkeit erregen. All diese Vorkehrungen werden es dazu anregen, immer unabhängiger zu werden: Da alles maßgeschneidert und in seiner Reichweite ist, wird es in der Lage sein, unabhängig zu wählen, ob es sich ausruhen, schlafen, lesen oder spielen möchte, und es körperlich und sogar psychisch schafft, diese Aktivitäten allein zu tun.

Lassen Sie uns speziell die Elemente analysieren, die in einem Montessori-Kinderzimmer vorhanden sind.

Das Bett

In den ersten Tagen braucht das Neugeborene eine Umgebung, die es an den Mutterleib erinnert. Es ist daher wichtig, es eingewickelt zu lassen, um das gleiche Gefühl im Bauch der Mutter zu erzeugen und sich geschützt zu fühlen. Sie können das "Topponcino" (Babykissen) verwenden: eine Matratze, die auf den Boden des Bettes gelegt wird. Es ist ideal zum Wiegen und Transportieren des Babys.

Wenn das Kind größer ist, können Sie es in ein Bett bringen; dieses sollte niedrig sein und einschließlich der Matratze 25 cm nicht überschreiten, damit sie sich beim Auf- und Absteigen nicht verletzen. Es ist auch ratsam, einen Teppich am Fuß des Bettes auszulegen, um das Aufstehen abzufedern.

Niedriger horizontaler Spiegel

Für eine richtige Entwicklung ist es wichtig, dass sich das Kleinkind im Spiegel sehen und sich seiner selbst bewusst werden kann. Stellen Sie im Kinderzimmer einen niedrigen horizontalen Spiegel aus bruchsicherem und schlagfestem Glas auf, damit es nicht Gefahr läuft, sich zu verletzen. Dank des Spiegels hat es eine globale Sicht auf den Raum und kann motiviert werden, den Kopf zu heben, um sein Spiegelbild zu betrachten. Der Spiegel bewirkt, dass sich das Baby bewegt, daher wäre es ratsam, es vom Bett entfernt zu platzieren, da dies den Moment der Ruhe bestimmt. Wenn es wächst, kann der Spiegel dann hochkant gedreht und neben einem niedrigen Schrank platziert werden.

Niedriger Kleiderschrank

Nach dem Unabhängigkeitsprinzip der Montessori-Methode muss dem Kind die freie Wahl von Kleidung und Schuhen überlassen werden. Dazu ist es notwendig, die Kleidung durch einen niedrigen Schrank in seiner Reichweite zugänglich zu machen. Wünschenswert wäre ein offener Kleiderschrank, sehr schlicht und ohne Türen; Es reicht daher aus, eine Stange zum Aufhängen einiger Kleidungsstücke und einige Regale für gefaltete Kleidungsstücke zu montieren. Wählen Sie ein paar Kleidungsstücke aus und legen Sie sie in seinen kleinen Schrank, damit es sie selbst auswählen kann. Angesichts der Einfachheit des Kleiderschranks können Sie ihn auch mit Holzplatten oder einer niedrigen horizontalen Oberfläche und Kunststoffrohren "selbst machen".

In der Nähe des Kleiderschranks können Sie einen Korb platzieren, in dem das Kind die zu waschende Kleidung aufbewahren kann, sowie einen kleinen vertikalen Spiegel (Sie können den horizontalen verwenden und ihn auf den Kopf stellen), damit es sich selbst bewundern kann. Sie können auch eine Garderobe auf den Boden oder an die Wand stellen, damit das Kleinkind seinen Mantel, seine Schürze und seinen Rucksack aufhängen kann.

Kleiner Stuhl

Um dem Kind das selbstständige Anziehen zu erleichtern, können Sie neben den kleinen Kleiderschrank einen kleinen Stuhl stellen, der ihm beim Anziehen der Hose oder Schuhe behilflich sein kann. Auf diese Weise vermeidet es, auf dem Boden zu sitzen.

Regal mit Behälterkörben

Natürlich müssen auch Spiele in Reichweite des Kindes sein und ordentlich platziert werden. Die geordnete Umgebung ermutigt das Kind, alles wieder an seinen Platz zu bringen. Zu diesem Zweck können Sie Körbe, Plastikboxen, ausziehbare Schubladen oder niedrige Holzkisten hinzufügen, um seine Spielsachen im Kinderzimmer aufzubewahren.

Aber welche Lernmaterialien gehören ins Kinderzimmer? In Teil II dieses Buches finden Sie alle Materialien und Aktivitäten, die Sie Ihrem Kind anbieten können. Wählen Sie die Materialien basierend auf der Altersgruppe aus und schlagen Sie sie abwechselnd vor.

Teppich

Da Kinder gerne auf dem Boden sitzen, legen Sie einen Teppich mit fülligem Stoff in die Spielecke.

Bücherregal

Fügen Sie für die Leseaktivität ein kleines, niedriges und offenes Bücherregal im Kinderzimmer mit Stützen für die Bücher hinzu, die es ermöglichen, sie frontal zu lagern, damit das Kind sie sofort am Einband erkennen kann, auch wenn es nicht lesen kann. Ein kleiner Sessel oder ein kleiner Teppich können auch in der Nähe platziert werden.

Kleiner Tisch und kleine Stühle

Auch Kinder brauchen einen Platz, in dem sie ihrer Kreativität freien Lauf lassen können. Warum also nicht einen kleinen Tisch und kleine Stühle hinzufügen, um Freunde einzuladen? Das Kleinkind kann diese auch zum Zeichnen oder für ihre Rollenspiele wie das Servieren von Tee für Puppen verwenden. Auf dem Tisch können Sie auch eine Papierrolle anbringen, damit es endlos zeichnen kann.

Tafel an der Wand

Um die Kreativität Ihres Kindes noch mehr anzuregen (und zu verhindern, dass es an die Wände kritzelt), können Sie Tafelfarbe oder Tafelklebepapierrollen auf das untere Ende der Wände auftragen. Auf diese Weise kann es seiner Fantasie freien Lauf lassen und dann alles durch einfaches Löschen säubern.

Bilderrahmen

Sie können die Wände mit Bilderrahmen dekorieren, die es Ihnen ermöglichen, die vom Kind angefertigten Zeichnungen einzufügen und zu ersetzen, um sie so auszustellen, als wären sie Kunstwerke.

Raum für die Fantasie

Es gibt Zeiten, in denen sich der Kleine entspannen und faulenzen möchte; Sie können im Schlafzimmer große Kissen platzieren, damit es sich auf dem Boden wohlfühlt und auf denen es lesen, zeichnen und sich entspannen kann. Wenn es aufwächst, können Sie sich einen Raum vorstellen, der eine Art Zufluchtsort ist und in dem sie sich frei fühlen können, um zu träumen; Sie können beispielsweise einen Sessel oder eine kleine Hütte, ein Zelt oder eine Hängematte einfügen.

Wohnzimmer

Wir werden uns nicht lange mit dem Wohnzimmer beschäftigen, da das Kind durch die von uns vorgeschlagene Einrichtung des Kinderzimmers bereits alles hat, was es in dieser Umgebung braucht. Sie können ihm aber auch im Wohnzimmer einen kleinen gemütlichen Platz schaffen. Wählen Sie einen Platz in der Nähe des Fensters, damit es die Außenwelt erkunden und natürliches Licht genießen kann. Sie können einen Couchtisch und Stühle auf einen Teppich stellen und, wenn Sie ihn nicht im Kinderzimmer aufgestellt haben, können Sie das offene Bücherregal in diese kleine Ecke stellen. Sie können auch Behälter wie im Kinderzimmer neben den Tisch stellen, damit das Kind seine Gegenstände und Materialien aufbewahren und seinen kleinen Raum in Ordnung halten kann.

Küche

Die Küche ist eine Umgebung, die Kinder sehr anzieht, da sie der Ort ist, an dem sie das "Tun" und das “Hände benutzen” sehen und wo sie oft "Ich will das machen!" sagen. Diese Umgebung kann jedoch sehr gefährlich sein. Lassen Sie uns gemeinsam sehen, wie Sie Kinder an Ihrer Seite und sicher halten können, während diese Sie beobachten.

Montessori-Turm

Der Montessori-Turm oder Lernturm ist ein sehr nützliches Montessori-Element in der Küche. Dieser Hocker ermöglicht es Kindern, die durchgeführten Aktivitäten zu beobachten und in völliger Sicherheit daran teilzunehmen. Es ist eine 1,20 m hohe Holzkonstruktion in Form eines Turms und an drei Seiten geschlossen; Der Durchgang mit den Stufen ermöglicht es dem Kind, alleine auf und ab zu gehen und die Arbeitsfläche zu erreichen. Vom Turm aus können sie auch kneten und Erwachsenen bei der Zubereitung der

Speisen helfen. Offensichtlich ist es die Sorge des Erwachsenen, es von Messern und Öfen fernzuhalten.

Wenn das Kind zu groß geworden ist (ab 4 Jahren), können Sie den Turm durch den Montessori-Hocker ersetzen.

Niedriger Tisch

Wenn es der Platz zulässt, können Sie auch einen kleinen Tisch in die Küche stellen, an dem das Kind arbeiten und kneten kann.

Maßgeschneiderte Küchenschürze

Die Schürze dient nicht nur dazu, sich nicht schmutzig zu machen, sondern spielt auch eine symbolische Rolle; eine Schürze anlegen bedeutet, eine Tätigkeit aufzunehmen und eifrig auszuführen. Besorgen Sie dem Kind eine Schürze, die es alleine tragen kann, und lassen Sie es sie zu Beginn der Aktivität nehmen und am Ende wieder an ihren Platz legen.

Spielzeugküche

Eine Spielzeugküche neben dem Tisch kann sehr nützlich sein, um dem Kind beizubringen, Räume in der Küche zu organisieren; Auf den kleinen Regalen können Sie Ihr kleines Geschirr, Topflappen und Geschirrtücher abstellen.

Bad

Frisiertisch

Was das Badezimmer betrifft, so können Sie, wenn es der Platz zulässt, einen Frisiertisch aufstellen, damit die Kleinen anfangen können, die Bedeutung der

Körperpflege zu verstehen und sich an eine Reinigungsroutine zu gewöhnen. In seiner kleinen Ecke findet das Kind seine Zahnbürste, Zahnpasta und Handtücher. Es wäre auch nützlich, ein kleines Waschbecken zu haben, aber wenn dies nicht möglich ist, können Sie hier auch einen Turm oder einen Hocker platzieren, damit es das Waschbecken völlig autonom nutzen kann.

Spiegel

Auch in dieser Umgebung soll sich das Kind im Spiegel sehen können. Wenn Sie einen Spiegel nicht auf seiner Höhe positionieren können, verwenden Sie den Turm, damit es seine eigenen Aktionen verfolgen kann, während es sich um die Körperpflege kümmert.

Kapitel 7: Montessori-Aktivitäten zu Hause

In diesem Kapitel widmen wir uns der Vorstellung der Montessori-Aktivitäten, die zu Hause vorgeschlagen werden sollen. Die Aktivitäten sind nach Kategorien unterteilt in: Stimulation, praktisches Leben, sensorische und entwicklungsbezogene Aktivitäten und sind wiederum nach Altersgruppen klassifiziert; Auf diese Weise wird es sehr einfach sein, die spezifischen Aktivitäten zu identifizieren, die Sie Ihrem Kind vorschlagen können. Denken Sie daran, es niemals zu unterbrechen, wenn es konzentriert und vertieft ist. Wenn Sie bemerken, dass Ihr Kind trotz der Anstrengung die Übungen nicht richtig ausführen kann und nicht aus seinen Fehlern lernt, verschieben Sie die Aktivität um ein paar Wochen, bis es bereit ist; wenn es sich hingegen langweilt, weil es seine Bewegungen sehr gut beherrscht, erhöhen Sie den Schwierigkeitsgrad oder ändern Sie die Aktivitäten.

Stimulationsaktivitäten

Es ist wichtig, dem Kind die richtige Menge an Stimulation zu bieten – es sollte nicht zu viel oder zu wenig sein. Wenn Sie zu viele anbieten, wird es seine Aufmerksamkeit nicht fokussieren können und Schwierigkeiten haben, sich zu konzentrieren; sind es dagegen zu wenige, könnte sich das Kind langweilen und in der Folge Weinkrämpfe bekommen, weil seine Bedürfnisse nicht erfüllt werden. Es ist daher notwendig, seine Neugier zu stillen, ohne es jedoch zu überreizen. Das in diesem Abschnitt vorgeschlagene Material soll die Neugier und das Interesse des Kindes anregen, indem es seinen Verstand anregt und seine Konzentrationsfähigkeit bereits in der zweiten Lebenswoche entwickelt.

Von 0 bis 5 Monaten

In den ersten 5 Monaten entwickelt das Baby den Seh- und Tastsinn. Anfangs ist das Sehvermögen schlecht entwickelt und das Kind ist nicht in der Lage, Farben zu fokussieren oder zu unterscheiden; Genau aus diesem Grund empfiehlt Maria Montessori in jeder Entwicklungsstufe den Einsatz von Karussells oder Möbeln. Die Karusselle müssen in einem Abstand von 25-30 cm vom Gesicht des Kindes aufgehängt werden, das nach den aufgehängten Objekten den Verstand schult und beginnt, eine Vorstellung von Farbe, Wahrnehmung und Tiefe zu bekommen. Um die Neugier und Aufmerksamkeit des Kindes am Leben zu erhalten, müssen die Karussells alle 2-3 Wochen ausgetauscht werden. Es wäre ratsam, die ersten visuellen Reize bereits nach den ersten 2-3 Lebenswochen zu präsentieren. Da es in diesem Stadium keine Farben unterscheiden kann, muss mit "Munaris Karussell" begonnen werden, das aus schwebenden Objekten in Schwarz und Weiß besteht. In den folgenden Wochen werden wir Karusselle mit Primärfarben bis hin zur vollständigen Farb- und Schattierungsskala verwenden.

1. Munaris Karussell

Zweck: die Konzentration zu fördern und dem Kind zu ermöglichen, sich auf Objekte zu konzentrieren, indem Formen, Kontraste und Proportionen beobachtet werden.

Dieses schwebende Karussell besteht aus sehr leichten Elementen, die sich langsam um die Mittelachse in der Luft drehen; Die geometrischen Papierformen sind in Schwarz und Weiß gehalten und es gibt eine transparente Kugel, die das Licht reflektiert.

Material:

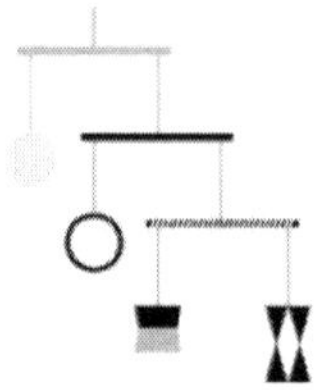

- 3 Holzstäbe (5mm Durchmesser)
- 1 weißes und 1 schwarzes Blatt
- 1 transparente Kugel
- schwarze und weiße Farbe
- Faden, Kleber, Schere, Zirkel, Lineal, Bleistift, Pinsel und Klebeband

Schneiden Sie die Stäbchen in die folgenden Größen: 36 cm, 30 cm und 18 cm. Färben Sie die Größte weiß, die Mittlere schwarz und die Kleine spiralförmig schwarz und weiß. Erstellen Sie die geometrischen Figuren wie auf dem Foto und färben Sie sie, dann hängen Sie die Elemente in der Reihenfolge wie in der Abbildung gezeigt an die Stangen.

2. Das Karussell der Oktaeder

Zweck: das Sehvermögen des Kindes zu stimulieren, indem ihm ermöglicht wird, Farben zu lernen und zu unterscheiden.

Dieses Karussell besteht aus einem Stab, an dem mittels Fäden Oktaeder mit den 3 Grundfarben aufgehängt sind.

Material:

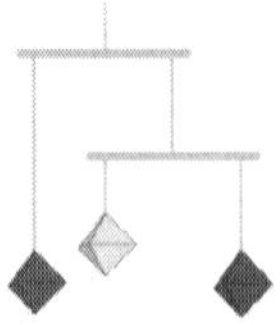

- 1 25 cm langer Holzstab (7 mm Durchmesser)
- Rotes, gelbes und blaues mattes oder glänzendes Papier
- Faden, Kleber, Schere, Lineal

Zeichnen Sie die 3 Oktaeder auf den farbigen Blättern (oder laden Sie die Form aus dem Internet herunter und drucken Sie sie aus). Biegen Sie die Kanten und kleben Sie den Faden an einem Ende fest, bevor Sie diese vollständig schließen. Binden Sie zum Schluss die Schnüre so an den Stab, dass die Oktaeder auf unterschiedlichen Höhen sind (wobei das Blau niedriger ist als die anderen Farben). Wenn Sie möchten, können Sie die

Oktaeder in verschiedenen Größen herstellen. Das Größte blau (da es die Farbe ist, die das Kind kaum unterscheiden kann), das Mittlere rot und das Kleine gelb (es ist die sichtbarste Farbe).

3. Das Karussell von Gobbi

Zweck: Entwicklung des visuellen Sinnes durch Unterscheidung der Farbtöne.

Das Karussell besteht aus 5 Kugeln in Reihe mit verschiedenen Farbtönen derselben Farbe. Die Kugeln sind mit Stickgarn bespannt, ausgerichtet und aufsteigend positioniert.

Material:

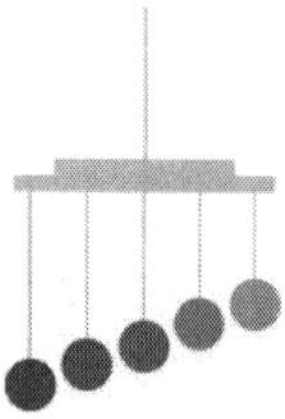

- 1 Holzstab 26 cm lang (5 mm Durchmesser)
- 5 Styroporkugeln (4cm Durchmesser)
- 10 Knäuel Stickgarn (2 für jeden Farbton)
- Farbe in dem gleichen Farbton wie die dunklere Kugel

Malen Sie den Holzstab mit der Farbe an. Rollen Sie das Stickgarn um die Knäuel und lassen Sie etwas Faden übrig. Hängen Sie die Kugeln auf, indem Sie das überschüssige Garn um den Holzstab wickeln. Bei der Leiteranordnung müssen Sie vorsichtig sein. Die dunklere Kugel ist diejenige, die das Kind schwieriger identifizieren kann, daher muss sie unten positioniert werden, während die hellere oben positioniert werden muss.

4. Das Karussell der Tänzer

Zweck: Steigerung der Konzentrationsfähigkeit und Kontrolle der Bewegung der Arme.

Dieses Karussell besteht aus 4 stilisierten Formen aus schillerndem, lichtreflektierendem Papier und ist 17 cm hoch. Jede Figur besteht aus Teilen, die sich unabhängig voneinander bewegen, und genau das Gefühl von Bewegung und den Eindruck, dass sie tanzen, vermittelt.

Material:

- 3 Stäbe; 25cm, 30cm und 35cm lang
- metallisches oder oleografisches Papier mit unterschiedlich farbigen Seiten
- 1 Garnrolle
- Schere und Bleistift

Zeichnen Sie die 4 Tänzer auf das Papier und schneiden Sie die Modelle aus. Hängen Sie 2 Tänzer mit dem Faden an den 25-cm-Stab und 2 an den 30-cm-Stab.

5. Schwebende Objekte

Zweck: Stimulierung der visuell-motorischen Fähigkeiten.

Ab dem 4. Monat kann das Baby Entfernungen wahrnehmen, die Arme besser kontrollieren und Gegenstände präziser greifen. Um seinem neuen Bedürfnis nachzukommen, können Sie ihm hängende Gegenstände anbieten, die es greifen kann; Das von Ihnen gewählte Objekt muss widerstandsfähig und groß genug sein und darf nicht bemalt oder lackiert sein. Sie können einen Ring oder Tierfiguren an einem Gummiband aufhängen, das das Kind dazu bringt, mit seinen Armen und Händen nach ihnen zu greifen.

6. Rasseln

Zweck: Stimulation und visuell-motorische Fähigkeiten, des Hörens und Auge-Hand-Ohr-Koordination.

Auch die Rassel ist ein schwebendes Objekt, aber im Gegensatz zu den anderen fügt sie neue Reize für das Kind hinzu. Das durch die Bewegung der Rassel erzeugte Geräusch lässt es verstehen, dass es die Folge ihrer Bewegung ist. Das Klimpern tritt nur auf, wenn das Kind dessen Zweck erfüllt und dies erzeugt in ihm Befriedigung. Dieses Werkzeug ermöglicht ihm auch, die Koordination zwischen seinen Händen und Fingern und den Griff mit dem Daumen zu entwickeln, der es ihm ermöglicht, kleine Gegenstände zu nehmen.

Material: Bieten Sie dem Baby alle zwei Wochen verschiedene Rasseln mit unterschiedlichen Materialien, Formen, Gewichten und Farben an.

7. Die Tonboxen

Zweck: Hörstimulation.

Da das Kind gerne nach Gegenständen greift, können Sie Klangboxen erstellen und es die Geräusche erleben lassen, die durch die Bewegung der einzelnen Boxen entstehen.

Material:

- kleine Behälter
- trockene Linsen, Nudeln oder anderes
- Stofftaschen

Sie können in sehr kleine Behälter (z. B. Überraschungseier) Gegenstände legen, die beim Schütteln einen Ton erzeugen können (z. B. trockene Linsen, Nudeln oder andere). Verschließen Sie die Behälter und legen Sie sie in Stoffbeutel des gleichen Materials und der gleichen Farbe. Auf diese Weise kann sich das Kind nur auf das Klangerlebnis konzentrieren.

8. Die Musik

Zweck: Hörstimulation.

Das Hören der richtigen Musik kann für das Kind eine sehr entspannende Erfahrung sein. Wählen Sie ruhige Lieder wie Soft, Klassik, Chillout oder

Wiegenlieder und grenzen Sie diesen Moment von anderen Aktivitäten ab, damit sich das Kleinkind ausschließlich auf das Klangerlebnis konzentrieren kann.

9. Die Stille

Zweck: Konzentration anregen.

Stille hilft dem Kind, eine starke Konzentrationsfähigkeit und Neugier auf Geräusche zu entwickeln. Stille ermöglicht es, die Umgebungsgeräusche zu isolieren und hervorzuheben und wirkt beruhigend auf das Baby. Denken Sie daran, dass Stille eine Eroberung von Kindern ist und dass eine Überreizung gleichbedeutend ist mit einer Nichtstimulierung. Also gönnen Sie Ihrem Kleinen Momente der Stille.

10. Sich Anziehen

Zweck: Förderung der Zusammenarbeit.

Wenn Sie Ihr Kind anziehen, kommunizieren Sie mit ihm, beschreiben Sie, was Sie tun, und laden Sie es mit Sätzen wie „Drück den Fuß!" zur Mitarbeit ein.

Ab 6 Monate

11. Neue Geschmacksrichtungen entdecken

Zweck: Stimulierung von Geschmack und Autonomie.

Ab dem 6 Monat können Sie Ihrem Baby neue Geschmacksrichtungen wie Wasser, Kompotte, Babynahrung und Fruchtsäfte ohne Zuckerzusatz anbieten. Sie können es mit einem kleinen Löffel füttern, bis es das Glas mit seinen Händen halten kann. Lassen Sie es üben, den Löffel in der Hand zu halten und die Babynahrung zum Mund zu führen. Diese Momente sind großartig, um die Autonomie zu fördern.

12. Verstecken spielen

Zweck: die visuelle Fähigkeit zu stimulieren.

Wenn Ihr Kind wächst, kann es Gegenständen mit seinen Augen folgen. Diese Fähigkeit können Sie dann nutzen, um Gegenstände zunächst teilweise und dann vollständig unter einer Serviette zu verstecken. Fragen Sie das Kind, wo das „verschwundene" Objekt ist, heben Sie dann die Serviette an und ermutigen Sie es, dasselbe zu tun.

13. Kinderreime

Zweck: Erwerb neuer Wörter und Raum-Zeit-Begriffe.

Sie können ihm Kinderreime beibringen, um die Namen von Gesichtsteilen oder Fingern zu lernen. Die Worte und der Rhythmus werden sich in das Gedächtnis des Kindes einprägen.

14. Bücher

Zweck: Interesse am Entdecken und Lesen wecken.

Dem Kind Bücher schon im Kindesalter zu zeigen, steigert den Wunsch, sie zu besitzen. Bieten Sie ihm Bücher aus Stoff, Pappe und Papier an, damit es für den Kleinen ein fantastisches Tasterlebnis sein kann. Wenn Sie sie zusammenlesen, wird es im Laufe der Zeit diejenigen auswählen, zu denen es sich am meisten hingezogen fühlt.

15. Spiel der Tiere

Zweck: Förderung der Assoziationsfähigkeit.

Nennen Sie Ihrem Kind die Tiere und ahmen Sie ihre Laute nach. Auf diese Weise wird es lernen, jeden Vers mit dem entsprechenden Tier in Verbindung zu bringen.

16. Körbe

Zweck: Stimulation und Entwicklung der Handkoordination.

Legen Sie zwei oder drei Gegenstände in einen kleinen Korb, z. B. einen Ball, eine Rassel und eine Tonbox. Das Kind nimmt, was es will, um damit umzugehen. Ersetzen Sie Artikel alle zwei Wochen, sonst werden die Inhalte langweilig.

17. Aktivitätenmatte

Zweck: die Konzentration und Wahrnehmung der Konzepte von Raum und Abgrenzung anzuregen.

Stellen Sie dem Kind einen Teppich zur Verfügung, auf dem es seinen Aktivitäten nachgehen kann. Das Arbeiten in einem abgegrenzten Raum wird seine Konzentration fördern, es wird sich sicherer und unabhängiger fühlen und es wird beginnen, das Konzept des Raums wahrzunehmen.

18. Die Boxen

Zweck: Entwicklung der Hand-Auge-Koordination.

Die Boxen ermöglichen es Ihnen, sich den Begriff der "Objektpermanenz" anzueignen und die Ursache-Wirkungs-Beziehung zu erfahren. Das Kind führt die vom Verstand geführte Bewegung aus und sieht die Wirkung.

Es gibt viele Arten von Schachteln, die Sie kaufen oder aus Holz oder Pappe herstellen können: mit einer einzigen Form, mit geometrischen Formen, mit einem Häkelball oder wie ein Sparschwein. Jeder von ihnen ermöglicht es, Aktivitäten durchzuführen, die die Koordination entwickeln. Die Box besteht aus einem Deckel mit Loch und einer Lade. Sobald die Box fertig ist, können Sie einfach den Deckel wechseln, indem Sie ihn je nach Schwierigkeitsgrad von Zeit zu Zeit ersetzen.

Lassen Sie es zunächst mit dem Material vertraut werden, bevor Sie die ganze Kiste anbieten und steigern Sie dann nach und nach die Schwierigkeit, indem Sie die Kiste ohne Lade und schließlich mit der Lade präsentieren.

19. Box mit einer Form

Zweck: Entwicklung der Hand-Auge-Koordination.

Stellen Sie die Schachtel mit dem runden Loch und der Kugel auf die Aktivitätsmatte, aber entfernen Sie die Lade. Nehmen Sie die Kugel sehr langsam und lassen Sie sie in das Loch in der Kiste fallen. Das Kind wird die Bewegung der Kugel beobachten, die auf die Matte rollen wird, und diese wiederum nachahmen.

Nachdem das Kind mit dieser Aktivität viele manuelle Fähigkeiten entwickelt hat, fügen Sie die Schublade der Schachtel hinzu und schlagen Sie die gleiche Übung noch einmal vor, indem Sie die Schublade öffnen und schließen, um den Ball zu nehmen.

Ab 9 Monate

20. Alleine mit den Händen essen

Zweck: Autonomie fördern und neue Geschmacksrichtungen entdecken.

Kinder in dieser Altersgruppe lieben es, Dinge zum Mund zu führen und alles zu probieren. Sie können ihnen ganze Stücke anbieten, die sie mit ihrem Zahnfleisch "knabbern" können. Bereits zerkleinerte Lebensmittel schulen die kindliche Fähigkeit, Kleinteile mit dem Pinzettengriff zu greifen.

Wenn Sie neue Geschmacksrichtungen vorschlagen, mischen Sie sie nicht mit anderen; Lassen Sie das Baby schmecken und assoziieren Sie diesen Geschmack mit Essen. Beschränken Sie auch die Verwendung von Salz und verzichten Sie für mindestens 18 Monate vollständig auf Zucker; Auf diese Weise wird es mehr von Obst und Gemüse angezogen.

21. In Freiheit entdecken

Zweck: Verbesserung der motorischen Fähigkeiten.

Wenn ein Baby beginnt, sich zu bewegen, zu krabbeln und zu laufen, trainiert es seine motorischen Fähigkeiten und versucht herauszufinden, wie weit es gehen kann. Während das Kind darauf bedacht ist, die Umgebung zu entdecken, lenken Sie es nicht ab und versuchen Sie nicht, es mit anderen Aktivitäten zu beschäftigen; Sie können es frustrieren.

22. Behälter und Verschlüsse

Zweck: Entwicklung der Feinmotorik der Hand.

Material:

- Flaschen und Verschlüsse
- Box mit Deckel

Wählen Sie Flaschen in verschiedenen Größen mit ihren Verschlüssen. Schneiden Sie den Deckel einer Schachtel aus und machen Sie Löcher, in die Sie die Flaschen einsetzen können; Auf diese Weise bleiben die Flaschen stationär und das Kind muss sich nur um das Auf- und Abschrauben des Verschlusses kümmern.

Wenn es bei dieser Übung praktisch ist, können Sie die Schwierigkeit erhöhen, indem Sie Flaschen mit Verschlüssen unterschiedlicher Größe in einen Korb stellen; Auf diese Weise muss es nicht nur die Kappen auf- und abschrauben, sondern auch lernen, den Behältern die richtigen Kappen zuzuordnen.

23. Füllen und leeren

Zweck: visuell-motorische Koordination und Feinmotorik der Hand.

Material:

- Tablett
- kleine Schale mit Holzscheiben
- Dose mit Deckel

Präsentieren Sie Ihrem Kind ein Tablett, auf dem Sie eine kleine Schüssel mit hölzernen Unterlegscheiben und einer Dose platziert haben. Es muss üben, Dinge in die Dose zu gießen und den Deckel zu schließen und zu öffnen. Dank dieser Bewegungen kann es die Feinmotorik der Hand und die Koordination trainieren.

24. Schatzkiste

Zweck: Stimulierung der fünf Sinne und der Sprache sowie Entwicklung der Handkoordination.

Ab dem 9. Monat hat das Baby das Bedürfnis, mit allen Gegenständen um sich herum umzugehen. Legen Sie die Gegenstände, die es im täglichen Gebrauch sieht, in einen Korb und wechseln Sie sie abwechselnd. Sie können Kellen, Schwämme, weiche Bürsten, kleine Gläser und Löffel einführen (wählen Sie Gegenstände, mit denen es sich nicht verletzen kann). Sie können sie dann nach Kategorien unterteilen, indem Sie beispielsweise Gegenstände zusammenstellen, die in derselben Umgebung verwendet werden, wie leere Flaschen, Handtuch, Bürste, Ente usw. oder Glas, Löffel, Serviette und Schöpfkelle. Auf diese Weise wird es lernen, Assoziationen zur Umgebung herzustellen. Helfen Sie ihm, auch seinen Namen zu lernen, indem Sie sich zu ihm setzen und jedem Gegenstand, den es aufhebt, einen Namen geben.

25. Ei und Eierbecher

Zweck: um die Handmuskulatur und Koordination zu trainieren.

Material:

- Eierbecher und Ei aus Holz

Die Übung besteht darin, das Holzei in den Eierbecher zu legen und wieder herauszunehmen. Wenn das Kind die Bewegung beherrscht, können Sie die Schwierigkeit der Übung erhöhen, indem Sie das Ei durch eine Kugel ersetzen.

26. Box mit geometrischen Formen

Zweck: Stimulierung und Entwicklung der Hand-Auge-Koordination.

Im Gegensatz zum vorherigen hat der Deckel dieser Box zwei Löcher mit unterschiedlichen geometrischen Formen. Beginnen Sie immer mit einem Vorschlag und fügen Sie dann den zweiten hinzu, um die Schwierigkeit zu erhöhen. Beginnen Sie mit der Kugel, fügen Sie dann den Würfel hinzu, dann das Prisma und so weiter.

27. Der weiche Ball

Zweck: Die Hand-Auge-Koordination entwickeln und die Hand trainieren, um ein widerstrebendes Objekt zu schieben.

Eine Styroporkugel mit Häkelgarn auskleiden oder aus einem Stoff nähen und mit Watte füllen. Die Größe muss der festen Kugel entsprechen, die das Kind in die Schachtel geschoben hat; es muss auch weich, aber gleichzeitig widerstandsfähig sein, damit das Kind trainiert, Druck auszuüben, um es durch das Loch in der Schachtel zu führen.

28. Flaches Steckspiel

Zweck: zur Stimulierung der visuell-motorischen Koordination.

Maria Montessori versorgte die Kinder mit Holzsteckspielen mit geometrischen Figuren, an denen sich jeweils ein Knauf befand. Durch diese Aktivität übt das Kind das Greifen mit Daumen und Zeigefinger und verbessert die Koordination. Die Selbstkorrektur des Fehlers ermöglicht es ihm dann, seine Bewegungen immer mehr zu verbessern, indem es die geometrische Form an ihrer Stelle perfekt anpasst.

Ab 12 Monate

29. Die Körperteile kennenlernen

Zweck: Autonomie fördern.

Die Badezeit ist eine ausgezeichnete Gelegenheit, Ihrem Baby alle Körperteile beizubringen und es zu ermutigen, unabhängig zu sein und auf seinen Körper zu achten. Geben Sie ihm einen Schwamm und ein Schaumbad und zeigen Sie ihm, wie man sich immer in der gleichen Reihenfolge wäscht: zuerst einen Arm, dann den anderen, dann den Bauch, dann ein Bein, dann das andere und so weiter; Während Sie ihm zeigen, wie man sich wäscht, nennen Sie alle Teile seines Körpers. Sie können zum Beispiel sagen: „Jetzt waschen wir den linken Arm", „Jetzt waschen wir das rechte Bein", „die Haare" und so weiter. Dies wird seinen Sprachgebrauch stimulieren und in kurzer Zeit wird es in der Lage sein, alle Teile seines Körpers zu benennen und sich sogar in voller Autonomie zu waschen.

30. Gemeinsam lesen

Zweck: sich neue Wörter anzueignen, Hör- und Verständnisfähigkeiten zu entwickeln.

Lassen Sie das Kind das Buch auswählen, das es bevorzugt, um einfach durch die Seiten zu blättern; es ist nicht notwendig, dass Sie lesen, sondern es reicht aus, dass Sie mit ihm im Buch blättern und die Bilder beschreiben. Sie können es fragen, wo sich ein bestimmtes Bild befindet, und es wird es angeben, oder Sie können fragen, um welches Bild es sich handelt, und es muss Ihnen den Namen nennen. Wenn das Kind möchte, können Sie das Buch mit ihm lesen; Auf diese Weise wird es eine angenehme Herangehensweise an das Lesen haben.

31. Würfel auf senkrechter Stange

Zweck: Anregung und Entwicklung der Hand-Auge-Koordination, Konzentration und Präzision.

Material:

- Senkrechte Stange
- Würfel mit Loch

Legen Sie die Würfel auf die Aktivitätsmatte und lassen Sie das Kind mit dem Material vertraut werden. Führen Sie dann die Übung durch, indem Sie die gelochten Würfel auf den Stab stecken. Wiederholen Sie dies, bis das Kind anfängt, sie nachzuahmen. Durch Wiederholung wird es die Ausführung der Bewegung üben, bis es Perfektion erreicht. Erst an dieser Stelle können Sie zur nächsten Übung übergehen

32. Scheiben auf senkrechter Stange

Zweck: Anregung und Entwicklung der Hand-Auge-Koordination, Konzentration und Präzision.

Material:

- vertikaler Star
- gelochte Scheiben

Diese Übung ähnelt der vorherigen, aber die Schwierigkeit liegt im Griff. Im Gegensatz zu den Würfeln ist die Aufnahme der Scheiben für das Kind komplexer, da es das Greifen zwischen dem Daumen und den anderen Fingern der Hand üben muss.

33. Scheiben auf horizontaler Stange

Zweck: Anregung und Entwicklung der Hand-Auge-Koordination, Konzentration und Präzision.

Material:

- horizontaler Stab
- gelochte Scheiben

Sie können die Schwierigkeit der vorherigen Übung erhöhen, indem Sie die Scheiben auf einem horizontalen Stab anordnen. Zeigen Sie dem Kind immer, wie es die Aktivität ausführen soll, und lassen Sie es dann üben, ohne es zu stören und ohne seinen Konzentrationsfluss zu unterbrechen. Durch Wiederholung wird es Perfektion in seinen Bewegungen erreichen.

34. Farbige Scheiben auf senkrechten Stäben

Zweck: Anregung und Entwicklung der Fähigkeit, Farben, Konzentration und Mengenvorstellungen einzuordnen.

Material:

- 3 Stäbe in 3 verschiedenen Farben
- 9 Scheiben (3 je Stab, in der gleichen Farbe wie der Stab)

Im Gegensatz zu den vorherigen Übungen wird diese Aktivität nicht mit einem, sondern mit drei Stäben durchgeführt. Bevor Sie mit der Übung beginnen, legen Sie das Material auf die Aktivitätsmatte und lassen Sie das Kind damit umgehen, um Vertrauen zu gewinnen. Stecken Sie dann jede farbige Scheibe in den entsprechenden Farbstab und lassen Sie dann ihr Kind weitermacht. Wenn es fertig ist, nehmen Sie die Scheiben nacheinander aus den Stäbchen, wählen Sie jeweils eine Farbe aus und lassen Sie das Kind es noch einmal tun.

Sie können die Schwierigkeit der Übung erhöhen, indem Sie einen Abakus verwenden, mit dem Sie die Gesten genau wiedergeben und die Mengen lernen können.

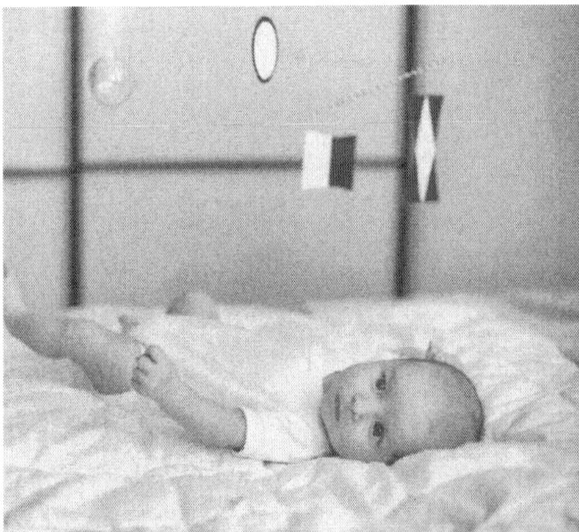
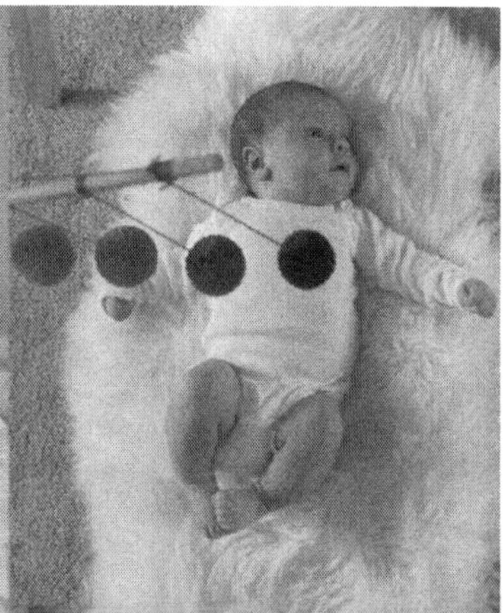

PRAKTISCHES LEBEN

Die praktischen Lebensaktivitäten beginnen ab dem 12. Monat. In den vorangegangenen Monaten haben Sie Ihr Baby an Stimulationsaktivitäten herangeführt, die die Funktion hatten, das Baby auf schwierigere koordinative Aktivitäten vorzubereiten. In dieser sensitiven Altersgruppe haben Kinder kein Interesse mehr am Spielen, sondern wollen ihre Hände benutzen und die Aktivitäten von Erwachsenen nachahmen. Geben Sie ihm daher die Möglichkeit, Aktivitäten zu trainieren und seine Bewegungen zu perfektionieren. Durch die Aktivitäten des praktischen Lebens wendet das Kleinkind alle während der Stimulationsaktivitäten erlernten Dinge an; Dazu ist viel körperliche und geistige Arbeit erforderlich, die es ihm ermöglicht, zusätzliche Fähigkeiten wie Konzentration und Kontrolle der Muskeln zu entwickeln, die für das Erreichen der Unabhängigkeit unerlässlich sind. Dies ist auch die Zeit, in der das Kind seinen Verstand aufbaut, weil es vollständig in das vertieft ist, was es tut. Die unten vorgeschlagenen praktischen Lebensübungen zielen auf:

- die Bedeutung von Körperpflege und Hygiene lehren und sich gute Gewohnheiten aneignen;
- lernen, auf die Umwelt zu achten;
- gute Manieren lernen;
- die Bewegungen perfektionieren.

Ab 12 Monaten

35. Die guten Manieren

Zweck: Das Kind ermutigen, freundlich zu anderen zu sein.

Manieren sind wichtig im Leben. Ermutigen Sie Ihr Kind, sofort „Guten Morgen" zu sagen, wenn es ein Zimmer betritt, einkauft oder Freunde trifft; „Auf Wiedersehen", wenn es weggeht oder jemand weggeht; „Danke", wenn es eine Antwort auf seine Fragen erhält und „Bitte", wenn es um etwas bitten muss. Wiederholen Sie diese „Zauberworte" oft, wenn Sie mit ihm zusammen sind, und mit der Zeit wird es diese spontan lernen.

36. Das Kissen zum Nachdenken

Zweck: Dem Kind beizubringen, dass es wichtig ist, die Regeln und auch andere zu respektieren. Schaffen Sie eine Atmosphäre der Ruhe und der Besinnung und regen Sie es dazu an, Empathie gegenüber anderen zu zeigen.

Das Reflexionskissen ist eine großartige Möglichkeit, positive Disziplin anzuwenden, wenn Ihr Kind die Regeln bricht. Wenn es etwas getan hat, was es nicht hätte tun sollen, erklären Sie noch einmal, warum es wichtig ist, die Regeln zu respektieren, und lassen Sie es dann auf einem Kissen sitzen, um über seine Handlungen nachzudenken. Sprechen Sie immer in ruhigem, aber gleichzeitig festem Ton; nach ein paar Minuten können Sie zu ihm gehen und eine Lösung vorschlagen (z. B. sich bei jemandem entschuldigen); Geben Sie ihm endlich eine Umarmung, um sein Selbstwertgefühl nicht zu untergraben und ihm zu verstehen zu geben, dass Sie ihm nicht böse sind.

37. Alleine essen

Zweck: Förderung der Autonomie, Entwicklung der visuellen motorischen Koordination, Kraftdosierung und Erreichung des Gleichgewichts.

Geben Sie Ihrem Kind eine kleine Gabel, einen Löffel und ein kleines Messer, damit es anfangen kann, damit zu experimentieren. Geben Sie ihm auch eine Serviette und zeigen Sie ihm, wie es sich nach dem Essen putzt. Während es seine Bewegungen übt, wird es in der Lage sein, das Besteck perfekt zu benutzen und das Wasser in das Glas zu gießen; es wird in der Lage sein, alles mit großer Sorgfalt und Ruhe zu tun, ohne etwas fallen zu lassen. All diese Bewegungen und deren Erfolg steigern das Selbstwertgefühl Ihres Kindes und motivieren es, es ohne fremde Hilfe alleine machen zu wollen.

38. Die Gegenstände transportieren

Zweck: Entwicklung der Motorik, Konzentrationsfähigkeit und Autonomie.

Obwohl es einfach erscheinen mag, erfordert das Tragen eines Gegenstands viel Konzentration seitens des Kindes, das seine Bewegungen koordinieren und halten muss, was es in seinen Händen hat, um es nicht fallen zu lassen. Zu Beginn können Sie es bitten, Gegenstände wie einen kleinen Teller oder ein Glas zu tragen und fest in seinen Händen zu halten. Wenn es sich mit dieser Bewegung vertraut gemacht hat, können Sie die Schwierigkeit erhöhen, indem Sie es bitten, einen Teller mit Essen oder ein Glas Wasser zu tragen. Auf diese Weise lernt es, den Teller und das Glas aufrecht zu halten und den Inhalt nicht fallen zu lassen.

Diese kleinen Aktivitäten mögen einfach erscheinen, sind aber in Wirklichkeit sehr komplex, da sie maximale Konzentration des Kindes erfordern, das allmählich ein Selbstvertrauen erlangt, das dabei das Gleichgewicht halten muss, darauf achten muss, was es trägt und auf die Hindernisse, ohne abgelenkt zu werden.

39. Ein Tablett transportieren

Zweck: Steigerung der Fähigkeit zur Präzision, Koordination, Konzentration und Autonomie.

Wenn Ihr Kind bereits das Tragen von Gegenständen wie Tellern, Gläsern und leeren Tabletts geübt hat, können Sie die Schwierigkeit der Übung erhöhen, indem Sie einen Gegenstand auf das Tablett stellen und es bitten, es zu tragen. Diese Aktivität ermöglicht es ihm, sofort zu verstehen, ob es bei der Bewegung einen Fehler macht, weil sich das Objekt in dem Tablett bewegt oder fällt. Wenn es diese Bewegung beherrscht und in der Lage ist, das Tablett zu transportieren, ohne es zu kippen und die Gegenstände absolut ruhig zu halten, können Sie die Schwierigkeit weiter erhöhen, indem Sie es ein Glas Wasser auf dem Tablett tragen lassen. Mit etwas Übung wird es sein Frühstück und seinen Snack auf dem Tablett transportieren können; dies wird sein Selbstwertgefühl und sein Gefühl der Unabhängigkeit steigern.

40. Den Schwamm benutzen

Zweck: Förderung der Autonomie, Entwicklung der Hand-Auge-Koordination und Konzentration, Erlernen der Grundbegriffe der Flüssigkeitsaufnahme.

So einfach es scheinen mag, die Verwendung des Schwamms ist für Ihr Kind eine ziemlich komplexe Aktivität. Es muss zuerst lernen, ihn richtig aufzunehmen; dann beobachten, wie der Schwamm Wasser aufnehmen kann und schließlich, dass er zusammengedrückt werden muss, um die Flüssigkeit herauszulassen.

Material:

- Tablett
- Schwamm
- Schüssel mit Wasser
- leere Schüssel

Stellen Sie die beiden Schalen auf das Tablett, die mit Wasser gefüllte links und die leere rechts. Zeigen Sie dem Kind, wie man den Schwamm im ersten Becken mit Wasser tränkt und ihn dann im leeren ausdrückt. Kinder spielen sehr gerne mit Wasser. Lassen Sie Ihr Kind die Bewegung üben; es lernt nicht nur, seine Bewegungen zu koordinieren und sich zu konzentrieren, sondern auch autonom zu sein, weil es in der Lage sein wird, seine Fehler zu beheben (wenn Wasser fällt, wird es perfekt in der Lage sein, den Schwamm zum Reinigen zu verwenden); außerdem wird es "Herr" der Bewegung von links nach rechts sein, die für die zukünftige Tätigkeit des Schreibens nützlich ist.

Ab 15 Monaten

41. Die Hände waschen

Zweck: Autonomie fördern und gute Gewohnheiten vermitteln.

Bringen Sie Ihrem Kind bei, wie es seine Hände wäscht, indem Sie zuerst die Finger reiben, dann zwischen einem Finger und dem anderen, dann den Rücken und schließlich die Handfläche. Zeigen Sie ihm, wie man sie gut abspült, um keine Seifenreste zu hinterlassen, und schließlich, wie man sie trocknet. Machen Sie es sich zur Gewohnheit, sich die Hände zu waschen, und ermutigen Sie ihr Kind dazu, es oft zu tun, zum Beispiel wenn sie nach Hause kommen, zwischen einer Aktivität und der nächsten, vor dem Essen, nach der Erledigung ihrer Geschäfte usw.

42. Die Zähne putzen

Zweck: Förderung von Autonomie und Selbstfürsorge.

Erklären Sie Ihrem Kind, dass Zähneputzen sehr wichtig ist. Wenn es sieht, dass du sie regelmäßig wäschst, wird dein Kind es dir nachmachen wollen und seine Zahnbürste haben wollen. Geben Sie ihm eine kleine Zahnbürste und Zahnpasta, damit es damit sein Geschäft erledigen kann, und erklären Sie ihm, dass es ausreicht, eine sehr kleine Menge Zahnpasta zu verwenden.

Zeigen Sie ihm langsam, wie es seine Zähne putzt: vorne, hinten, oben und unten. Wenn Sie fertig sind, können Sie die Zahnbürste weglegen und sich mit einem Handtuch abtrocknen. Dies ist eine ausgezeichnete Gelegenheit, eine Routine in seinem Kopf zu schaffen und es in eine wichtige Aktivität wie die Pflege der persönlichen Hygiene einzubeziehen. Sie können auch die Gelegenheit nutzen, Ihren Wortschatz zu erweitern, indem Sie alle Zähne benennen: Backenzähne, Eckzähne usw.

43. Sich alleine anziehen

Zweck: Förderung der Autonomie.

Wenn Sie die Anweisungen in diesem Buch für die Einrichtung eines Kinderzimmers befolgt haben, ist es jetzt an der Zeit, es zu ermutigen, die Kleidung selbst aus den wenigen Gegenständen auszuwählen, die Sie in dem kleinen Schrank arrangiert haben. Zeigen Sie ihm, wie es sich selbst anziehen kann, und ermutigen Sie es, das Zu- und Aufknöpfen zu üben. Dieser Lernprozess wird lange dauern, aber helfen Sie ihm nicht und kleiden Sie es nicht. Wichtig ist, dass das Kind es selbst lernt und einen Spiegel hat, um zu kontrollieren, ob alles in Ordnung ist, bevor es das Zimmer verlässt.

44. Die Kleidung weglegen

Zweck: Förderung der Autonomie.

Zeigen Sie Ihrem Kind, wie es Hosen, Socken und T-Shirts faltet und jedes in einer eigenen Schublade aufbewahrt. Bringen Sie ihm auch bei, Rucksack, Schürze und Jacke aufzuhängen, wenn es nach Hause kommt; Auf diese Weise lernt es selbst, seine Sachen in Ordnung zu halten.

45. Die Kleidung für den nächsten Tag vorbereiten

Zweck: Stärkung des Verantwortungsbewusstseins und der Autonomie.

Eine andere Möglichkeit, die Autonomie des Kindes zu fördern, besteht darin, ihm dabei zu helfen, die Kleidung für den nächsten Tag vorzubereiten; Auf diese Weise steigert es sein Verantwortungsbewusstsein und seine Organisationsfähigkeit, indem es lernt, sich auf den nächsten Tag vorzubereiten. Sie können diesen Moment auch nutzen, um Ihrem Kind zu helfen, seinen Wortschatz zu erweitern, indem Sie alles benennen, was es aufhebt, wie Pullover, Socken, Hemden, Hosen usw.

46. Die Notdurft verrichten

Zweck: Förderung der Autonomie.

Nutzen Sie die sensitive Phase Ihres Kindes von 12 bis 18 Monaten, um ihm die Notdurft auf der Toilette beizubringen. Stellen Sie ein kleines Töpfchen in eine Ecke des Badezimmers und bitten Sie es regelmäßig, sich nach den Mahlzeiten und vor dem Schlafengehen oder Ausgehen hinzusetzen, um Gewohnheiten zu entwickeln. Beobachten Sie es und versuchen Sie zu verstehen, in welchen Momenten Sie ihm vorschlagen sollten, einen kleinen Zwischenstopp im Badezimmer einzulegen. Sehr bald wird Sie das Kleinkind auffordern alleine auf die Toilette zu gehen, wenn es das Bedürfnis verspürt, bis es vollständig autonom ist.

47. Mit dem Schwamm putzen

Zweck: Autonomie fördern, dem Kind beibringen, für sich selbst und die Umgebung um es herum zu sorgen.

Nachdem Sie Ihrem Kind beigebracht haben, den Schwamm zu benutzen, können Sie ihm beibringen, ihn zum Reinigen zu verwenden. Zwingen Sie es nicht dazu, sondern stellen Sie es ihm als eine unterhaltsame Aktivität vor; Auf diese Weise wird es gerne die Umgebung reinigen und aufgeräumt halten.

48. Abstauben

Zweck: Lernen, sich um die Umwelt zu kümmern und an häuslichen Aktivitäten mitzuarbeiten.

Zeigen Sie Ihrem Kind, wie die Möbel staubig werden; bringen Sie ihm dann das Staubwischen bei und geben Sie ihm einen Staubwedel, damit es Ihre Bewegungen nachahmen kann. Denken Sie daran, dass das Kind Sie sehr genau beobachtet, also versuchen Sie beim Staubwischen so genau wie möglich zu sein: Heben Sie alle Gegenstände auf den Möbeln hoch und wischen Sie dann Staub. Wenn es dies beobachtet, wird das Kind motiviert sein, dasselbe zu tun, um Sie genau nachzuahmen.

49. Das Messer benutzen

Zweck: visuell-motorische Koordination, Förderung der Autonomie.

Material:

- Gemüse
- Schneidebrett
- Messer
- Teller

Wenn das Kind den Umgang mit dem Gemüseschneider mit Wellenklinge gelernt hat, können Sie ihm ein kleines Messer mit runder Spitze anbieten, mit dem es weiche Lebensmittel wie eine Banane schneiden kann. Lassen Sie es das Messer mit einer Hand halten, während es mit der anderen das Gemüse oder Obst festhält.

Legen Sie das Schneidebrett auf den Tisch, legen Sie dann das Gemüse links vom Schneidebrett und den Teller rechts neben das Schneidebrett. Auf diese Weise nimmt das Kind das Gemüse von links und legt es rechts auf das Schneidebrett; dann legt es, nachdem es mit dem Messer geschnitten hat, die Gemüsescheiben auf den Teller zu seiner Rechten. Diese Aktivität entwickelt nicht nur seine motorischen und kognitiven Fähigkeiten, sondern bereitet es durch die Ausführung von Bewegungen, die von links nach rechts gehen, auch auf die zukünftige Schreibtätigkeit vor.

Wenn es den Umgang mit dem Messer beherrscht, können Sie ihm einen Kartoffelschäler zur Verfügung stellen.

50. Streichen

Zweck: visuell-motorische Koordination, Förderung der Autonomie.

Geben Sie dem Kind ein Buttermesser, zeigen Sie ihm, wie man frischen Käse auf eine Scheibe Brot streicht und lassen Sie es selbst machen. Auf diese Weise übt es die Ausführung der Bewegung und kann in völliger Autonomie einen Snack oder ein Frühstück zubereiten.

51. Einen Snack zubereiten

Zweck: Förderung der Autonomie und der Fähigkeit zu wählen.

Sie können die Pausenzeit nutzen, um Ihrem Kind Selbständigkeit beizubringen. Reservieren Sie nach Möglichkeit ein kleines Regal im unteren Teil der Küche, wo Sie sein Geschirr, Platzdeckchen und gesunde Snacks abstellen können, und machen Sie dasselbe mit dem Kühlschrank. Auf diese Weise entscheiden Sie, was Ihr Kind isst, aber es entscheidet, was es in diesem Moment isst. Wenn es bereits gelernt hat, wie man mit einem Messer streicht, kann es sich entscheiden, ein Sandwich mit Marmelade zuzubereiten, oder es kann Obst aus dem niedrigen Regal des Kühlschranks nehmen und es selbst schälen. Während Sie auf diese Weise sicher sein können, dass seine Wahl auf gesunde und vollwertige Lebensmittel fällt, werden sein Selbstwertgefühl, seine Autonomie und seine Entscheidungsfähigkeit zunehmen.

52. Die Zitrusfrüchte auspressen

Zweck: die erworbenen Fähigkeiten in die Praxis umzusetzen, die Konzentrationsfähigkeit, die visuell-motorische Koordination, das Gleichgewicht und die Kraft zu entwickeln und die Autonomie zu fördern.

Material:

- Tablett
- Zitronenpresse/Entsafter
- halbe Orange und Zitrone
- 1 Glas
- 1 Schwamm

Bevor Sie diese Aktivität vorschlagen, vergewissern Sie sich, dass Ihr Kind bereits die Fähigkeiten dazu erworben hat, indem es das Umfüllen und die Verwendung des Schwamms geübt hat; Wenn es darin bereits sehr gut ist, können Sie zum nächsten Level übergehen, indem Sie ihm erlauben, die Zitrusfrüchte auszupressen. Verwenden Sie immer ein Tablett, in das Sie die Zitruspresse, eine halbierte Orange und eine halbierte Zitrone, ein Glas und einen Schwamm stellen. Zeigen Sie dem Kind, wie es den Entsafter mit der linken Hand festhält, wie es eine Hälfte der Orange positioniert und wie es mit der rechten Hand die Bewegung zum Auspressen ausführt. Diese Aktivität bereitet Kindern große Freude, wenn sie sehen, wie der Saft herauskommt. Wenn es fertig ist, bitten Sie es, den Saft in das Glas zu gießen und es mit dem Schwamm abzuwischen, um alle Spritzer zu entfernen. An diesem Punkt können Sie die andere Hälfte der Orange oder Zitrone auspressen. Sobald es die Bewegung beherrscht, kann es sich entscheiden, in völliger Autonomie einen Saft für einen Snack zuzubereiten.

53. Reiben

Zweck: Entwicklung der Feinmotorik, visuell-motorische Koordination, Rhythmuswahrnehmung, Förderung der Autonomie.

Besorgen Sie dem Kind eine stabile viereckige Reibe. Zeigen Sie ihm, wie die Aktivität ausgeführt wird, indem Sie nur von oben nach unten reiben. Auf diese Weise wird die Geste leicht verständlich und sicherer, wenn sie wiederholt wird. Das Kind kann dann spielerisch verschiedene Lebensmittel wie Käse, Brot, Karotten, Äpfel usw. reiben.

54. Passieren

Zweck: Entwicklung der Feinmotorik, visuell-motorische Koordination, Rhythmuswahrnehmung, Förderung der Autonomie.

Material:

- gekochtes Gemüse oder Obst
- Passiergerät
- leere Schüssel

Eine andere Möglichkeit, wie Sie Ihr Kind in der Küche trainieren lassen können, besteht darin, das Gemüse in einem Passiergerät zu passieren. Denken Sie daran, das Gemüse zum Passieren immer links von ihm und die leere Schüssel rechts von ihm zu platzieren. Auf diese Weise übt es, während es seine Arbeit mit maximaler Konzentration ausführt, die gleiche Bewegung wie das Schreiben. Wenn seine Aufgabe beendet ist, kann es die Früchte seiner Arbeit genießen, indem es sein Gemüse- oder Fruchtpüree probiert.

55. Stampfen

Zweck: Kraft kalibrieren und Gesten koordinieren, Bewegungsabfolge lernen.

Materiale:

- Stößel
- Mörser

Zeigen Sie Ihrem Kind die verschiedenen Bewegungen: tippen, drücken und drehen. Wenn es dies gelernt hat, zeigen Sie ihm, wie sie es nacheinander machen. Wenn es die Technik beherrscht, kann es die Gewürze und Trockenfrüchte selbst stampfen und das Basilikumpesto herstellen.

56. Das Geschirr spülen

Zweck: visuell-motorische Koordination, Förderung der Autonomie.

Materiale:

- Montessori-Turm
- Schürze
- Schwamm
- Geschirrhandtuch

Mit Hilfe des Montessori-Turms können Sie Ihrem Kind das Geschirrspülen beibringen. Bitten Sie es, sich eine Schürze anzuziehen, und füllen Sie dann das linke Becken des Waschbeckens mit Wasser und etwas Seife und das rechte nur mit Wasser. Legen Sie die zu waschenden Gegenstände links neben die Wanne mit der Seife und zeigen Sie dem Kind dann, wie dies zu waschen ist. Sie müssen es einzeln nehmen, in Wasser mit Seife tauchen, mit einem Schwamm waschen, mit sauberem Wasser abspülen und dann auf das Abtropfgestell legen. Diese Aktivität ermöglicht ihm nicht nur, seine Bewegungen zu verbessern, sondern bereitet es auch auf zukünftige Schreibaktivitäten vor. Wenn es mit dem Abwasch fertig ist, kann es die

Wannen ausleeren und mit dem Schwamm reinigen. Zeigen Sie ihm schließlich, wie man das Geschirr mit einem Geschirrtuch abtrocknet und in die Schränke einräumt. Geschirr spülen, abtrocknen und aufräumen ist nicht nur eine lohnende Beschäftigung für das Kind, sondern lehrt es auch, eine Aufgabe von Anfang bis Ende zu erledigen.

57. Die Socken weglegen

Zweck: Konzentration entwickeln und Ordnungsbedürfnis befriedigen.

Während es saubere Unterwäsche faltet, lassen Sie Ihr Kind die Socken sortieren und zuordnen. Diese Aktivität befriedigt nicht nur sein Ordnungsbedürfnis, sondern ermöglicht es ihm, konzentriert zu bleiben und zu versuchen, die beiden identischen Socken zu identifizieren und sie dann zu kombinieren. Nach dem Kombinieren können Sie sie wieder in die entsprechenden Schubladen legen.

58. Das Besteck sortieren

Zweck: Objekte auswählen und klassifizieren und das Bedürfnis nach Ordnung befriedigen.

Lassen Sie das Kind beim Abwaschen das Besteck in der Schublade einräumen; Auf diese Weise wird es in der Lage sein, eine Aktivität auszuführen, die es sehr befriedigt und gleichzeitig nützlich ist. Um sie ordnen und richtig platzieren zu können, muss es zunächst die Gemeinsamkeiten finden und verstehen, zu welcher Kategorie sie gehören. Wenn es falsch ist, denken Sie daran, es nicht zurückzunehmen und vor allem nicht zu unterbrechen. Während einer Aktivität ist seine Konzentration maximal. Lassen Sie es Fehler machen und lassen Sie es aus seinen Fehlern lernen.

59. Den Tisch decken

Zweck: Entwicklung von Koordination und perfekten Bewegungen.

Bringen Sie Ihrem Kind bei, seinen kleinen Tisch zu decken, indem Sie ihm Tischsets aus Stoff zur Verfügung stellen, auf denen es Teller, Besteck und Gläser abstellen kann. So lernt es, alle Elemente auf dem Tisch zu erkennen und selbstständig aus dem Wandschrank zu nehmen. Wenn es lernt, seinen kleinen Tisch selbst zu decken, können Sie die Schwierigkeit dieser nützlichen Heimbeschäftigung erhöhen, indem Sie ihm die Aufgabe geben, den "Tisch für Erwachsene" zu decken.

60. Den Tisch reinigen

Zweck: Sich mit großen Bewegungen vertraut machen und eine Aktivität abschließen.

Tauchen Sie einen Schwamm ins Wasser und zeigen Sie dem Kind, wie man den Tisch reinigt; Gehen Sie dabei sehr genau vor, denn das Kind wird Sie sehr genau beobachten und versuchen, die Bewegungen so genau wie möglich nachzuahmen. Nachdem es die gesamte Oberfläche, Kanten und Ecken mit dem Schwamm abgewischt hat, geben Sie ihm ein trockenes Tuch und regen Sie es mit der gleichen Bewegung zum Trocknen an.

61. Wäsche waschen

Zweck: Entwicklung der Feinmotorik der Hand.

Breiten Sie eine Leine in Kinderhöhe aus oder besorgen Sie sich einen Wäscheständer für Kinder. Legen Sie die Wäsche, die das Baby mitnehmen kann, wie Taschentücher, Socken, Höschen, Geschirrtücher, in einen Korb und besorgen Sie ihm einige Wäscheklammern, die es leicht öffnen kann. Zeigen Sie ihm, wie man sie aufhängt, und lassen Sie es dann selbst üben. Diese Aktivität wird ihm nicht nur ermöglichen, seine feinmotorischen Fähigkeiten zu entwickeln, sondern auch sein Selbstwertgefühl und seine Bereitschaft, Ihnen bei der Hausarbeit zu helfen, steigern.

62. Die Fenster putzen

Zweck: Verbesserung der Koordination und Ausführung großer Bewegungen.

Dem Kind beizubringen, Fenster zu putzen, ist eine hervorragende Aktivität, um große Bewegungen auszuführen und die Muskeln des Körpers zu trainieren. Geben Sie ihm eine Sprühflasche und einen Lappen und zeigen Sie ihm die Bewegung, die auf dem Glas ausgeführt werden soll. Stehen Sie neben ihm, aber lassen Sie es für sich selbst lernen. Wenn es zu viel Flüssigkeit versprüht, fällt sie auf den Boden und es versteht den Fehler, indem es versucht, ihn zu beheben; Wenn Sie andererseits das Trocknen vergessen oder schlecht trocknen, ist das Glas voller Flecken. Je mehr das Kind das Wiederholen dieser Aktivität übt, desto mehr wird es seine Fehler bemerken.

63. Einkaufen

Zweck: das Kind in die täglichen Aktivitäten einzubeziehen.

Versuchen Sie, Ihrem Kind die Wichtigkeit des Einkaufens zu vermitteln, erklären Sie seinen Zweck und beziehen Sie es in Aktivitäten ein, die es auch tun kann. Aber denken Sie daran, dass der Supermarkt für die Kleinen eine Stressquelle ist, weil er voller Menschen, sehr heller Lichter und Musik ist. Versuchen Sie, es von all dem abzulenken, indem Sie es in Aktivitäten in seiner Reichweite einbeziehen, aber wenn es nervös wird, versuchen Sie, ruhig zu bleiben. Erpressen Sie es nicht und bieten Sie ihm keine Gegenleistung an, sonst denkt es, dass gutes Benehmen eine Belohnung verdient, und wird folglich versuchen, bei jedem Einkauf etwas von Ihnen zu bekommen.

64. *Obst und Gemüse einsammeln*

Zweck: Kontakt mit der Natur und Entdeckung der Welt um sie herum, Entwicklung feiner Handbewegungen, Präzision, Konzentration und Koordination.

Wenn Sie die Möglichkeit haben, pflanzen Sie mit Ihrem Kind Samen und zeigen Sie ihm, wie daraus Pflanzen werden, wie Früchte an Bäumen, Sträuchern oder auf dem Boden wachsen und sogar geerntet werden. Dies werden für das Kind Wachstumsmomente sein und es wird in seinem Kopf die Prozesse der Entwicklung und Ernte von Pflanzen ausarbeiten.

Zeigen Sie ihm, wie man Pilze, Erdbeeren, Äpfel von Bäumen, Kräuter usw. einsammelt. Das Sammeln von kleinen Früchten erfordert vom Kind große Konzentration und ein geschicktes Greifen. Es muss auch darauf achten, seine Gesten sehr feinfühlig auszuführen, um die Frucht nicht zu verderben. Nehmen Sie sich Zeit, um diese angenehmen Momente mit ihm zu verbringen, und Sie werden die Zufriedenheit in seinen Augen sehen, wenn es die Früchte seiner Arbeit isst: das, was es mit seinen kleinen Händen sorgfältig gesammelt hat.

65. *Sich um eine Pflanze kümmern*

Zweck: Lernen, mit anderen Lebensformen umzugehen.

Material:

- kleine Gießkanne
- kleiner Sprüher
- Schwamm

Geben Sie Ihrem Kind die Aufgabe, sich um eine bestimmte Pflanze im Haus zu kümmern. Wenn es sieht, dass Sie sich um die Pflanzen kümmern, wird es dasselbe tun wollen, um Sie nachzuahmen. Zeigen Sie ihm, wie man Wasser in die Erde der Pflanze gießt, wie man die Blätter besprüht und geben Sie ihm den Schwamm, damit es trocknen kann, wenn es Wasser auf den Boden verschüttet. Zeigen Sie ihm, wie man getrocknete Blätter oder Blüten entfernt, und führen Sie diese Tätigkeit immer gemeinsam aus, um ihm Liebe und Respekt für andere Lebensformen einzuflößen.

66. *Lasagne und Pizza zubereiten*

Zweck: den Sinn für Rhythmus, Ordnung und Proportionen erfassen.

Kinder lieben es, zuzusehen, aber vor allem, Erwachsene nachzuahmen und ihnen bei ihren Aktivitäten zu helfen. Sie können sie in Kochaktivitäten einbeziehen und mit ihnen Mahlzeiten zubereiten. Wenn Sie beispielsweise Lasagne oder Pizza zubereiten, warum sollten Sie diese nicht in Aktivitäten wie das Verteilen von Saucen und Belägen einbeziehen? Die Saucen mit einem Löffel zu verteilen, Salz und Oregano zu streuen oder Mozzarella, Schinken und Oliven in den richtigen Mengen zu verteilen, erfordert viel Mühe, Konzentration und Präzision. Wenn das Kind in diese Aktivitäten eintaucht, fühlt es sich nicht nur nützlich und erhöht sein Selbstwertgefühl, sondern lernt auch den Rhythmus und die Proportionen; Es lernt auch, wie es seinen eigenen Schaden beheben kann (falls es versehentlich etwas fallen lässt oder schmutzig wird) und wie es sauber macht, während es für Ordnung sorgt.

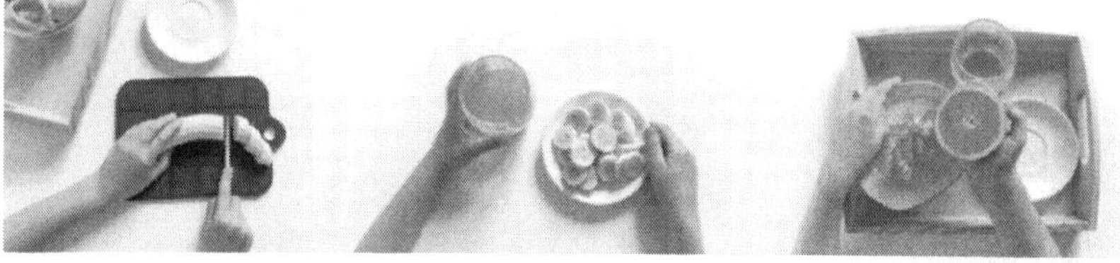

SENSORISCHE AKTIVITÄTEN

Das Kind versteht die Welt um sich herum dank der Verwendung der 5 Sinne, durch die es neue Informationen erwirbt und das, was es bereits weiß, mit dem verbindet, was es lernt. Gerade weil Sehen, Fühlen, Hören, Riechen und Schmecken genutzt werden, taucht das Kind bereits in den ersten Lebensmonaten in sensorische Aktivitäten ein und erfährt diese selbstständig.

Marias Methode basiert genau auf dem, was das Kind für sich selbst lernt, und diese Entdeckungen sind hauptsächlich das Ergebnis von Sinneserfahrungen; dazu sagte sie:

«Beobachter werden nicht geschaffen, indem man sagt: beobachte, sondern indem man die Mittel zum Beobachten gibt: und diese Mittel sind die Erziehung der Sinne. Ist diese Beziehung zwischen dem Kind und der Umwelt erst einmal hergestellt, ist der Fortschritt gesichert, da die verfeinerten Sinne zu einer besseren Wahrnehmung der Umwelt führen und diese mit

ihren aufmerksamkeitsstarken Varianten die Sinneserziehung fortsetzt».[24]

Die in diesem Abschnitt vorgeschlagenen Aktivitäten sollen dem Kind die Möglichkeit geben, die Umgebung zu beobachten, und ihm die Freiheit geben, in seinem eigenen Tempo voranzukommen.

Ab 6 Monaten

67. Taktile Kissen

Zweck: Stimulierung der taktilen Wahrnehmung.

Das Kind entdeckt verschiedene Stoffe zum Anfassen durch Kissen, die Sie aus verschiedenen Stoffen (Stoffe wie Baumwolle, Wolle, Seide, Satin, Jute, Filz, Tüll usw.) herstellen können, aber in derselben Farbe, damit es sich nur auf ein Merkmal konzentrieren kann: die Vielfalt des Materials. Sie können diese Stoffe dann in eine Schachtel legen und dem Kind die taktile Erfahrung anbieten. Alternativ können Sie aus den Stoffen kleine, mit Baumwolle gefüllte Kissen herstellen.

68. Stoffpuppe

Zweck: Stimulieren der taktilen Wahrnehmung durch Experimentieren mit Texturen.

Materiale:

- Stoff
- Nadel
- Faden
- Schere

---

[24] M. Montessori, *La scoperta del bambino*, Garzanti, Mailand, 1970, 185.

- Watte
- Bänder
- Wollfäden
- Quasten (Troddelchen)

Zeichnen Sie zwei identische Tierformen auf den Stoff und schneiden Sie diese aus. Nähen Sie die beiden Formen zusammen und füllen Sie sie mit Watte. Verzieren Sie die Puppe nach Belieben, indem Sie Wollfäden, Bänder usw. benutzen. Vermeiden Sie es, die Dekorationen zu überladen und fügen Sie vor allem keine kleinen Elemente ein, die Ihr Kind verschlucken könnte, wie z. B. Knöpfe.

69. Die ersten Umfüllungen

Zweck: Vervollkommnung der feinen Bewegung der Hand.

Anscheinend mag das Gießen wie eine einfache Aktivität erscheinen, in Wirklichkeit stimuliert es die intellektuelle Entwicklung und viele Fähigkeiten wie Hand-Auge-Koordination, Selbstbeherrschung und bemerkenswerte Fähigkeiten im Umgang mit der Hand. Das Umfüllen kann dem Kind in verschiedenen Altersgruppen und mit unterschiedlichen Materialien angeboten werden, aber es wäre ratsam, mit sicheren Materialien zu beginnen, die es weder schlucken noch einatmen kann.

Material:

- Behälter aus unzerbrechlichem Glas, Holz oder Metall
- Nudeln, Bohnen, Holzklötze usw.

Bieten Sie ihm einen Behälter und das Material zum Einfüllen an, und wenn es sich daran gewöhnt hat und Sie glauben, dass es zum Umfüllen bereit ist, geben Sie ihm einen anderen Behälter, der dem ersten entspricht, damit es die Gegenstände von einem Behälter in den anderen bewegen kann. Wenn das

Objekt herunterfällt, erzeugt es Geräusche, die es dem Kind ermöglichen, seine Fehler zu korrigieren und seine Bewegungen zu perfektionieren.

70. Mit den Fingern malen

Zweck: die Auswirkungen seiner Bewegungen und das Konzept von Ursache und Wirkung zu verstehen.

Material:

- großes Zeichenblatt
- Ungiftige Farben, waschbar und nicht gefährlich, wenn sie in den Mund genommen werden

Legen Sie die 3 Grundfarben direkt auf das Blatt und lassen Sie Ihr Kind seine Hände und Füße benutzen, somit es das Farbgefühl auf der Haut erlebt und es mit seinen Augen die farbenfrohen Folgen seines Handelns sieht. Sie können diese Aktivität wiederholen, wenn es älter ist, indem Sie einige Blätter verwenden, die an einer abwaschbaren Wand oder einer Staffelei hängen.

Ab 9 Monaten

71. Die sensorischen Tafeln

Zweck: Stimulierung der taktilen Wahrnehmung.

Material:

- dicker Karton
- Schleifpapier, gerändeltes Haftpapier, weicher Kunststoff, Kork, Holz, Styropor, Schwamm, Samtstoff, Teppich usw.

Schneiden Sie die verschiedenen Materialien so zu, dass sie alle die gleiche Größe haben (30 x 30 cm), und kleben Sie sie dann auf dicken Karton, um Tafeln zu erstellen. Legen Sie diese auf den Boden und lassen Sie das Kind mit seinen Händen spielen und die verschiedenen Eigenschaften entdecken. Wenn das Baby älter ist, wird es barfuß darauf laufen können und ein ganz anderes Sinneserlebnis haben.

72. Die farbigen Säckchen

Zweck: Grundfarben unterscheiden lernen und den Wortschatz erweitern.

Material:

- 3 Stoffbeutel in den Grundfarben (Rot, Gelb und Blau)
- Objekte in den Primärfarben

Legen Sie gleichfarbige Gegenstände in die Tüten, zeigen Sie dem Kind dann eine Tüte nach der anderen und deren Inhalt und sagen Sie, was es ist und welche Farbe es hat. Auf diese Weise lernt es, Farben zu unterscheiden und sie Objekten zuzuordnen. Wenn es sich wohl fühlt, bitten Sie es, die Gegenstände nach Farbe zu sortieren und sie wieder in die entsprechende Tasche zu stecken.

73. Die farbigen Stäbe

Zweck: Farben unterscheiden lernen.

Material:

- farbige oder mit farbigem Papier ausgekleidete Gläser
- Holzstäbchen in verschiedenen Farben

Präsentieren Sie Ihrem Kind das Material, bitten Sie es, die Stäbchen nach Farbe zu sortieren und in das jeweilige Glas der gleichen Farbe zu stecken. Beginnen Sie mit den Grundfarben Rot, Gelb und Blau. Wenn sich das Kleine daran gewöhnt hat und die Grundfarben perfekt erkennen kann, können Sie die Schwierigkeit der Übung erhöhen, indem Sie weitere Farben hinzufügen.

74. Umfüllen mit Hilfsmitteln

Zweck: Perfektion der feinen Bewegung der Hand.

Sie können die Schwierigkeit des Umfüllens erhöhen, indem Sie Utensilien wie einen Löffel hinzufügen.

Material:

- 2 Behälter oder Schalen aus unzerbrechlichem Glas, Keramik oder Metall
- Nudeln, Bohnen, Linsen usw.
- 1 Löffel

Ordnen Sie die beiden Behälter auf einem kleinen Tisch an. Füllen Sie den Behälter links mit dem von Ihnen ausgewählten Material und zeigen Sie dem Kind dann die Übung, indem Sie erklären, was Sie tun. Nehmen Sie mit einem Löffel das Material aus der linken Schüssel und gießen Sie es mit sehr langsamen und sich wiederholenden Bewegungen in die rechte, dann fordern Sie den Kleinen auf, dasselbe zu tun. Die Verwendung des Löffels ermöglicht es ihm, Vertrauen in seine Bewegungen zu gewinnen und den Umgang mit dem Besteck zu trainieren; außerdem bereitet es die Bewegung von links nach rechts auf das Schreiben vor.

75. Umfüllen mit Wasser

Zweck: Vervollkommnung der feinen Bewegung der Hand. Erste Vorstellungen zur Inkompressibilität von Flüssigkeiten.

Wenn das Kind sich an das feste Dekantieren gewöhnt hat, können Sie die Schwierigkeit der Übung erhöhen, indem Sie die Materialien wechseln und flüssige anbieten.

Material:

- 1 Krug voll Wasser

- 1 Glas
- 1 Schwamm

Legen Sie das Material auf ein Tablett und zeigen Sie dem Kind, wie es das Wasser aus dem Krug in das Glas gießt, und fordern Sie es dann auf, es selbst zu tun. Es wird auf eigene Kosten lernen, wie viel es das Glas füllen muss: Wenn es das Glas überfüllt, fließt das Wasser heraus. Zeigen Sie ihm, wie man den Schwamm benutzt, damit es seine Fehler selbst beheben kann.

Ab 12 Monaten

76. Heuristisches Spiel

Zweck: Entwicklung der Konzentrations- und Manipulationsfähigkeit.

Das heuristische Spiel ist eine komplexere Weiterentwicklung des Schatzkorbs und besteht darin, dem Kind einen Jute- oder Baumwollsack anzubieten, der mit über 40 zu manipulierenden Objekten gefüllt ist, die verschiedenen Kategorien angehören und mit einer Schnur verschlossen werden. Legen Sie es zusammen mit drei Schüsseln auf die Aktivitätsmatte, lassen Sie das Kind dann die Tasche entfalten und die Materialien nach sorgfältigem Studium auf der Matte platzieren.

77. Säckchen der Geheimnisse

Zweck: Entwicklung des Tastsinns und der Erkennung von Formen und Objekten.

Material:

- Stoffbeutel
- Gegenstände verschiedener Art

Legen Sie verschiedene Gegenstände in eine Stofftasche und geben Sie die Tasche dem Kind. Lassen Sie es ein Objekt nach dem anderen nehmen und bitten Sie es, es so zu manipulieren, dass es verstehen kann, um welches Objekt es sich handelt, ohne es anzusehen. Bitten Sie es, den Gegenstand zu benennen und ihn aus der Tasche zu nehmen, um zu sehen, ob es versteht, um welchen Gegenstand es sich handelt.

78. Verfeinerung des Umfüllens

Zweck: Förderung der Autonomie, Entwicklung der Hand-Auge-Koordination und der Konzentrationsfähigkeit.

Wenn Ihr Kind wächst, können Sie den Schwierigkeitsgrad des Umfüllens erhöhen, damit es seine Bewegungen perfektionieren kann.

Material:

- Tablett
- 2 Schüsseln
- 1 Teelöffel
- 2 Flaschen
- 1 Trichter

Denken Sie daran, den Aktionsraum des Kindes immer mit einem Tablett abzugrenzen, in das Sie zwei Schüsseln stellen können: Die Linke muss mit Kleinmaterial wie Linsen oder Mehl gefüllt werden, während die Rechte leer bleibt. Geben Sie ihm einen kleinen Teelöffel, um die Schwierigkeit der Übung zu erhöhen und lassen Sie es das Material aus dem linken Becher in den rechten umfüllen. Wenn ihm etwas vom Löffel fällt, wird es den Fehler verstehen und sich bemühen, seine Bewegung zu perfektionieren.

Sie können die Schwierigkeit der Übung erhöhen, indem Sie zwei Flaschen in das Tablett stellen: eine mit Wasser gefüllt und die andere leer. Geben Sie dem Kind einen Trichter und zeigen Sie ihm, wie man das Wasser in die leere Flasche gießt. Diese Tätigkeit ist für das Kind sehr schwierig, da es die volle Flasche fest in der Hand halten muss, um sie nicht fallen zu lassen und gleichzeitig höchste Konzentration aufbringen muss, um seine Bewegungen koordinieren zu können, die Flüssigkeit kontrolliert fließen zu lassen, damit sie nicht aus dem Trichter kommt.

79. Der rosa Turm

Zweck: visuelle motorische Koordination trainieren, die Größen und den Unterschied zwischen groß und klein erkennen lernen und die physikalischen Grundlagen des Gleichgewichts verstehen.

Der rosafarbene Turm besteht aus 10 maßgenauen rosafarbenen Holzwürfeln. Der kleinste Würfel an der Spitze misst 1 cm, während der Größte 10 cm misst. Durch Manipulation lernt das Kind, die verschiedenen Größen zu erkennen; Sie können ihm dabei helfen, indem Sie ihm zeigen, welcher Würfel der Größte und welcher der Kleinste ist. Das Kind erfährt dann Gleichgewicht, indem es die Würfel stapelt; Wenn die Würfel fallen, beginnt das Kind von vorne und setzt seine Übung fort, indem es versucht, sie im Gleichgewicht zu halten.

80. Das Schachspiel

Zweck: Farben zu unterscheiden, indem Weiß von Schwarz getrennt wird, ähnliche, aber verschiedenfarbige Figuren zuzuordnen und identische zuzuordnen.

Schach ist sehr vielseitig, da es dem Kind ermöglicht, verschiedene Fähigkeiten zu entwickeln. Lassen Sie das Kind die Schachfiguren manipulieren, indem es sich mit ihnen vertraut macht, dann können Sie vorschlagen, die Weißen von den Schwarzen zu trennen; Dann können Sie die Schwierigkeit der Übung erhöhen, indem Sie es bitten, jede Figur auf das gleichfarbige Feld des Schachbretts zu legen. Sie können es beispielsweise einladen, alle ähnlichen Figuren zu finden und sie zu trennen, indem Sie sie in Kästchen platzieren. Schach ist sehr vielseitig und dafür können Sie es in verschiedenen Altersgruppen einsetzen, indem Sie Aktivitäten mit unterschiedlichen Schwierigkeitsgraden anbieten und das Niveau von Zeit zu Zeit steigern.

81. Modellieren

Zweck: Kreativität und Manipulationsfähigkeit zu entwickeln.

Kinder lieben es zu kneten und zu formen. Um ihre Bedürfnisse zu befriedigen und ihnen zu ermöglichen, ihre Kreativität auszudrücken, können Sie Plastilin, Ton, Das, Salzteig, Pizzateig usw. vorschlagen. Plastilin hat ein enormes Manipulationspotential und Sie können es zusammen mit Ihrem Kind mit dem folgenden Material herstellen.

Material:

- 2 Esslöffel Zitronensaft
- ½ Tasse Maisstärke
- 1 Tasse kochendes Wasser
- ½ Tasse feines Salz
- 2 Tassen Mehl
- 2 Esslöffel Öl
- Lebensmittelfarbe oder Gewürze (Safran, Kurkuma, Kakao, Paprika)

Mischen Sie die trockenen Zutaten, fügen Sie dann die flüssigen hinzu und kneten Sie. Den Teig in Blöcke teilen und jeweils eine andere Lebensmittelfarbe oder die von Ihnen gewählten Gewürze hinzufügen und kneten. Das Plastilin ist bereit für Ihr Kind.

Alternativ können Sie den Salzteig herstellen, gemeinsam schöne Formen formen und diese dann an der Luft trocknen. Wenn sie ausgehärtet sind, können Sie sie von Ihrem Kind mit Tempera- oder Acrylfarben verzieren lassen. Du kannst auch Ton verwenden oder, wenn du Pizza- oder Brotteig machst, kannst du ihnen Teigstücke geben und sie damit spielen lassen.

82. Die Duftschachteln

Zweck: den Geruchssinn zu schulen.

Material:

- kleine Glasbehälter
- Gewürze und Kräuter

Füllen Sie jedes kleine Gefäß mit einem anderen Gewürz (Paprika, Kreuzkümmel, Curry, Kurkuma, Muskatnuss, Safran, Salz, Pfeffer usw.) und lassen Sie das Kind daran riechen und schmecken. Wenn Sie die Möglichkeit haben, pflanzen Sie mit ihm einige aromatische Kräuter wie Basilikum, Minze, Majoran, Rosmarin, Petersilie, Thymian etc.; Es kann nicht nur ihr Wachstum und Trocknen beobachten, sondern auch die physikalischen und olfaktorischen Unterschiede jedes aromatischen Krauts erkennen. Verwenden Sie beim Kochen die Gewürze, sagen Sie dem Kind, um welches Gewürz es sich handelt, und lassen Sie es die Aromen der verschiedenen Zubereitungen riechen. Die Düfte hinterlassen einen bleibenden Eindruck im Gedächtnis des Kindes, das sich nicht nur ein Leben lang an sie erinnern wird, sondern kann jeden Duft auch mit dem entsprechenden Gewürz oder aromatischen Kraut in Verbindung bringen.

83. Neue Geschmäcker entdecken

Zweck: um den Geschmack zu verfeinern.

Neben dem Geruchssinn können Sie mit Gewürzen auch den Geschmackssinn verfeinern. Verwenden Sie Gewürze in der Küche und zeigen Sie Ihrem Kind, wie Sie den Geschmack eines Lebensmittels verändern und verbessern. Sie können zum Beispiel Curry zu Hühnchen, Paprika oder Kurkuma zu Kartoffeln, Muskat zu Kartoffelpüree, Ingwer zu Bananen usw. hinzufügen.

Lassen Sie es den Geschmack schulen, damit es erkennen kann, welche Gewürze bei der Zubereitung der Speisen verwendet wurden.

84. Fruchtverkostung

Zweck: jeder Frucht einen Geschmack zuordnen, die Unterschiede beobachten und identifizieren, den Wortschatz bereichern.

Zeigen Sie Ihrem Kind die ganze Frucht und sagen Sie ihm einzeln, wie sie heißen. Gehen Sie dann auf ihre Eigenschaften ein: ob sie eine Schale haben oder ohne Schale, ob sie Samen oder einen Stein enthalten, ob sie einen süßen oder scharfen Geschmack haben und welche Art von Duft sie abgeben; Öffnen Sie sie und studieren Sie sie mit ihm, dann lassen Sie es üben, die Früchte mit seinem kleinen Messer zu schneiden. Jedes Mal, wenn es eine andere Frucht schneidet, lassen Sie es diese kosten und wiederholen Sie den Namen der Frucht, damit es den Geschmack mit dem Namen der Frucht in Verbindung bringen kann. Sie können diese Aktivität noch unterhaltsamer gestalten, indem Sie Obstsalatschüsseln herstellen. Auf diese Weise kann es jedes Mal, wenn es ein Stück Obst nimmt, versuchen, durch Sehen und Schmecken zu verstehen, um welche Frucht es sich handelt.

85. Schrauben und Muttern

Zweck: Entwicklung der Feinmotorik der Hand und der Konzentrationsfähigkeit.

Material:

- Tablett
- Schrauben mit den entsprechenden Muttern

Legen Sie in einem Tablett Schrauben unterschiedlicher Größe mit ihren jeweiligen Muttern und ordnen Sie sie der Größe nach an. Nehmen Sie die kleinere Schraube und zeigen Sie dem Kind, wie man sie in die Mutter einschraubt, und lassen Sie es es dann selbst machen. Durch das Üben dieser

Aktivität entwickelt das Kind eine starke Konzentrationsfähigkeit, verbessert seinen Zangengriff mit Daumen und Zeigefinger und perfektioniert die Bewegung des Auf- und Abschraubens.

86. Mit dem Pinsel malen

Zweck: den Griff zu trainieren, die feinen Bewegungen der Hand zu kontrollieren und die Folgen der eigenen Handlungen zu beobachten.

Material:

- Tempera
- Aquarelle der 3 Grundfarben (Rot, Gelb und Blau)
- 1 kurzer Pinsel mit dickem Kopf
- grobkörniges Papier
- 1 kleine Schüssel

Beim Malen mit dem Pinsel kann das Kind beobachten, wie jede seiner Bewegungen einer farbigen Linie entspricht, die je nach ausgeübtem Druck mehr oder weniger groß ist und seiner Hand folgt. Die Verwendung von Primärfarben allein ermöglicht es Ihnen auch zu sehen, wie sie sich kombinieren, um andere Farben zu erzeugen. Überlassen Sie ihm das Material zum eigenen Experimentieren.

Ab 18 Monate

87. Ton-Memory

Zweck: den Hörsinn, die Konzentration, die Aufmerksamkeit und das Gedächtnis zu verfeinern.

Material:

- 6 Holzboxen
- 2 verschiedene Farben
- Kleinmaterial (Reis, Nudeln, Bohnen, Glocken, Schrauben, Glasmurmeln etc.)

Nehmen Sie die Schachteln und malen Sie drei Deckel in einer Farbe und drei in einer anderen Farbe an. Fügen Sie in die Kästen der ersten Farbe Materialien verschiedener Art, die, sobald sie geschüttelt werden, unterschiedliche und unterscheidbare Geräusche verursachen; Legen Sie dann die gleichen Materialien in die Kästchen der zweiten Farbe. Schließen Sie die Schachteln gut und schütteln Sie sie dann neben dem Ohr des Kindes und erklären Sie den Unterschied laut und langsam. Teilen Sie an diesem Punkt die Kästchen nach Farbe auf, indem Sie alle Kästchen der ersten Farbe links und alle Kästchen der zweiten Farbe rechts platzieren. Nehmen Sie dann eine kleine Schachtel links und schütteln Sie sie, dann lassen Sie das Kind eine kleine Schachtel rechts nehmen und fragen Sie es, ob es das gleiche Geräusch erzeugt. Ist der Ton gleich, kann das Kind die beiden verschiedenfarbigen Kästchen nebeneinanderstellen, ansonsten sucht es weiter nach dem Kästchen, das das gleiche Geräusch erzeugt wie das andere. Wenn das Kind sich an die Aktivität gewöhnt hat, seinen Gehörsinn verfeinert hat und in der Lage ist, die drei Geräusche zu erkennen, können Sie die Schwierigkeit der Übung erhöhen, indem Sie weitere Kästen mit unterschiedlichen Materialien hinzufügen.

Ab 2 Jahren

88. Die Schere

Zweck: Entwicklung der Konzentration und Feinmotorik der Hand.

Material:

- Pappstreifen
- Schere

Scheuen Sie sich nicht, Ihrem Kind den Umgang mit einer Schere beizubringen. Lassen Sie es auf seinem kleinen Stuhl am Tisch sitzen, stellen Sie sich dann hinter Ihr Kind und zeigen Sie ihm dann, wie es seine Finger richtig in die Schere steckt. Lassen Sie es üben, die Schere zu öffnen und zu schließen, ohne etwas zu schneiden. Wenn es die Schere richtig in die rechte Hand genommen hat, halten Sie den Karton fest und lassen Sie es das Schneiden üben. Wenn es Vertrauen in die Bewegung gewonnen hat, können Sie das Kind den Karton in der linken Hand halten lassen und vorschlagen, zu schneiden.

89. Die Klebe

Zweck: Entwicklung der Konzentration und Feinmotorik der Hand.

Material:

- kleine Pappstücke
- Klebestift
- flüssiger Kleber
- Pinsel

Nachdem das Kind das Schneiden der Pappstreifen geübt und kleine Stücke daraus gemacht hat, können Sie ihm zeigen, wie man den Klebestift benutzt. Erstellen Sie einen Kreis auf einem Blatt Papier und lassen Sie das Kind die kleinen Pappstücke, die es ausgeschnitten hat, daran kleben. Es muss die kleinen Pappstücke nehmen, sie auf den Kleber legen und sie dann in den Kreis kleben (alternativ können Sie ihm zeigen, wie man den flüssigen Kleber mit Hilfe eines Pinsels verwendet). Wenn es sich mit dieser Aktivität vertraut gemacht hat, können Sie die Schwierigkeit der Übung erhöhen, indem Sie Figuren wie Quadrate oder Dreiecke erstellen, in denen es die kleinen Pappstücke befestigt. Sobald es seine Fähigkeiten im Scherenschneiden und Kleben verbessert hat, können Sie viele Decoupage-Aktivitäten mit ihm durchführen.

Ab 2 ½ Jahren

90. Mit der Zange umfüllen

Zweck: Verfeinerung der Feinmotorik der Hand, der Präzision und der visuell-motorischen Koordination.

Material:

- Tablett
- 2 Schüsseln
- 1 Zange
- große und kleine Gegenstände (Nüsse, Glasmurmeln, Oliven, Perlen etc.)

Stelle die beiden Schüsseln auf das Tablett. Legen Sie in die linke die Gegenstände, beginnend mit den größten, hinein, während die rechte Schale leer sein muss. Geben Sie dem Kind eine Zange und zeigen Sie ihm, wie es die Gegenstände in die leere Schüssel geben kann. Die Bewegungen von links nach rechts dieser Übung bereiten es auch auf die Schreibtätigkeit vor. Sobald es damit vertraut ist, können Sie große Objekte durch kleinere ersetzen.

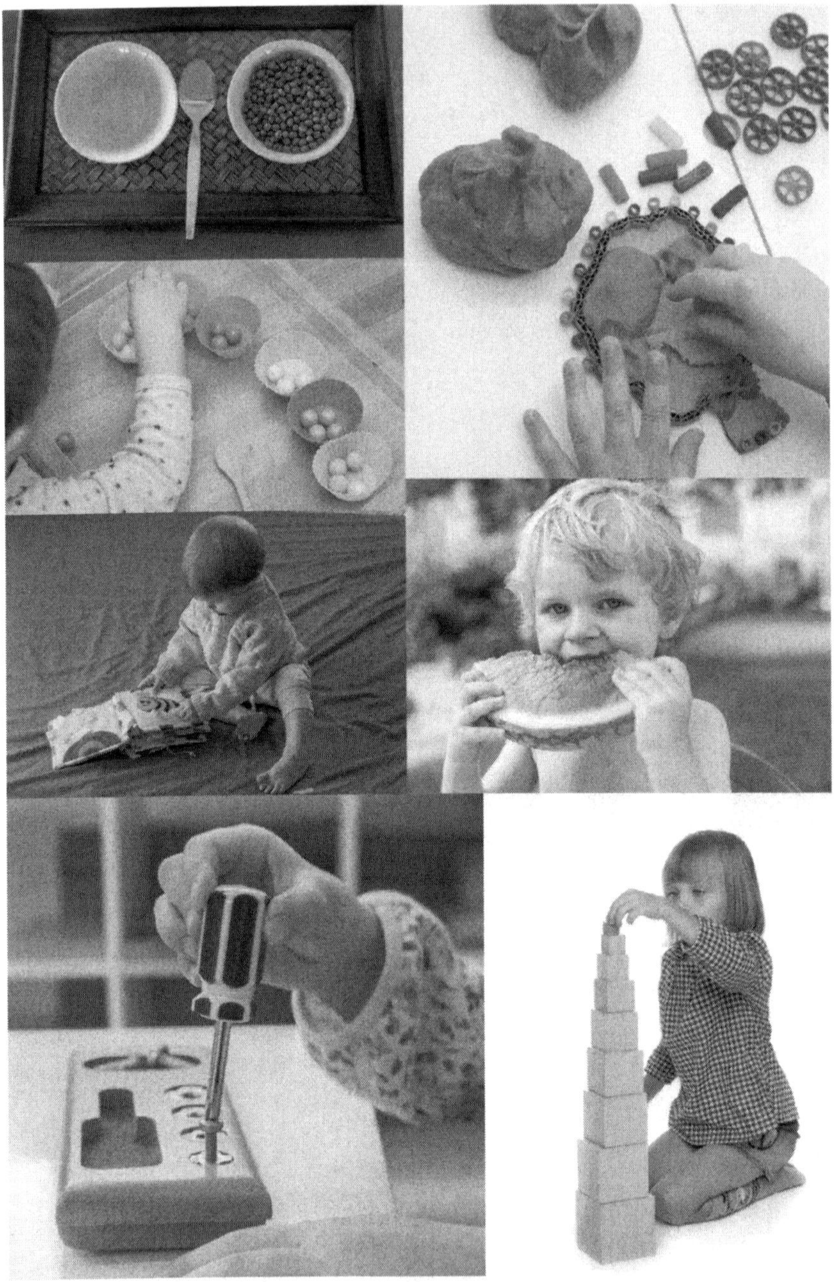

ENTWICKLUNGSAKTIVITÄTEN

Entwicklungsaktivitäten haben mehrere Zwecke, aber eines gemeinsam: Sie ermöglichen dem Kind, seinen Verstand zu entwickeln. Um diese Aktivitäten ausführen zu können, muss das Kind eine große Vertrautheit mit altersgerechten Stimulations-, Sinnes- und praktischen Lebensübungen erworben haben; Auf diese Weise kann es sein maximales Potenzial durch Entwicklungsübungen ausschöpfen, die ihm Folgendes ermöglichen:

- Entwicklung der visuell-motorischen Koordination;
- Verbesserung der kognitiven Fähigkeiten und Logik;
- Perfektionieren der feinen Bewegung der Hand;
- Sprache erweitern;
- Entwicklung von Fähigkeiten wie Konzentration und Präzision und Qualitäten wie Geduld.

Jetzt bieten wir Ihnen einige Aktivitäten an.

91. Mit Gemüse malen

Zweck: die feine Bewegung der Hand zu trainieren und mit der Verwendung von Farbe zu experimentieren.

Material:

- großes Zeichenblatt
- 3 Schüsseln
- Temperafarben (rot, gelb und blau)
- 1 Gemüse (Kartoffel, Zucchini oder Karotte)

Geben Sie jede Temperafarbe in eine kleine Schüssel und verdünnen Sie diese mit etwas Wasser. Schneiden Sie eine Kartoffel oder Zucchini in zwei Hälften und zeigen Sie dem Kind, wie es sie mit den Händen festhalten kann; Tauchen Sie das Gemüse in die Farbe und drücken Sie es dann auf das Blatt. Anschließend, wenn das Kind die Bewegung richtig ausgeführt hat, die andere Hälfte des Gemüses in eine andere Grundfarbe tauchen und auf das Blatt drücken. Auf diese Weise sieht das Kind, wie sich die Primärfarben zu einer Sekundärfarbe zusammenfügen.

92. Musikinstrumente

Zweck: Entwicklung der Feinmotorik der Hand und Erlernen der verschiedenen Noten.

Neben dem Angebot verschiedener Musikrichtungen wie Klassik, Jazz, Pop, Rock etc. können Sie Ihrem Kind Musikinstrumente wie Kastagnetten, Tamburine und Xylophone näherbringen. Durch diese Werkzeuge entwickelt es die Feinmotorik der Hand, versteht, dass die Folge seiner Bewegung der Erzeugung eines Tons entspricht, und lernt, verschiedene Musiknoten zu erkennen. Wenn Sie ihm ein Xylophon anbieten, achten Sie darauf, dass die Tasten alle aus dem gleichen Material und der gleichen Farbe sind, damit sich das Kleinkind ausschließlich auf den Klang konzentriert, der beim Drücken der Taste entsteht. Zeigen Sie ihm, wie es die Instrumente benutzt, und lassen Sie sie ihm zur Verfügung, damit es sie ausprobieren kann, wann immer es will.

Ab 12 Monate

93. Mit Stiften zeichnen

Zweck: Perfektionierung der feinen Handbewegung und Einführung in die Schreibtätigkeit.

Material:

- Papierblätter
- Stifthalter
- große, abwaschbare Wassermarker, Buntstifte und Wachsmalstifte.

Legen Sie einige Blätter Papier auf den kleinen Tisch und einen Stifthalter voller großer, abwaschbarer Wassermarker. Das Kind beginnt damit, das Papier zu kritzeln und wird sehen, dass bei jeder Bewegung farbige Linien entstehen. Diese Aktivität entwickelt seine Kreativität und ermöglicht es ihm, den Unterschied zwischen dickeren und dünneren Linien und den Punkten zu sehen, die durch den Druck seiner Hand bestimmt werden. Es gibt ihm auch die Möglichkeit, die Bewegung zum Entfernen und Wiederaufsetzen der Kappe der Marker zu üben. Wenn sich seine feine Handkoordination verbessert, können Sie es mit verschiedenen Materialien wie Bunt- und Filzstiften experimentieren lassen.

94. Nach kleinen Objekten fischen

Zweck: visuell-motorische Koordination, Entwicklung von Geduld, Präzision und Konzentrationsfähigkeit.

Material:

- Tablett
- mit Wasser gefüllte Schüssel
- leere Schüssel
- schwimmende Objekte
- gelochter Löffel
- Schwamm

Stellen Sie die mit Wasser gefüllte Schüssel auf die linke Seite des Tabletts und die leere auf die rechte Seite. Legen Sie die schwimmenden Gegenstände in die Schüssel mit Wasser und fordern Sie das Kind auf, sie mit dem perforierten Löffel in die leere Schüssel zu übertragen. Diese Übung ermöglicht es ihm, Geduld und Koordination in seinen Bewegungen zu entwickeln, und sollte es ungeschickt sein und Wasser in das Tablett fallen lassen, kann es den Schaden immer mit seinem Schwamm reparieren.

95. Konstruktionen

Zweck: Einführung in die Körpergeometrie, Unterscheidung und Unterteilung von Konstruktionen nach geometrischen Figuren.

Die Konstruktionen lassen das Kind die Phänomene der Statik und des Gleichgewichts erfahren. Helfen Sie dem Kind, die Namen der Feststoffe und ihre physikalischen Eigenschaften zu lernen und sie den verschiedenen Farben zuzuordnen. Du kannst zum Beispiel sagen: „Dieser Würfel ist gelb", „Dieser Zylinder ist rot" oder „Die Pyramide ist höher als der Würfel"; Diese Begriffe bleiben in seinem Gedächtnis, es lernt die physikalischen Unterschiede der verschiedenen Festkörper kennen, es kann sie unterscheiden und es lernt die Grundlagen der Geometrie.

96. Lego Duplo

Zweck: Einführung in die Körpergeometrie, Unterscheidung und Unterteilung von Konstruktionen nach geometrischen Figuren, Einführung in das mathematische Konzept der Brüche, visuell-motorische Koordination.

Wie bei den Konstruktionen entwickelt das Kind mit dem Duplo oder Lego seine manuellen Fähigkeiten und die visuell-motorische Koordination. Sie können das Lego verwenden, um Ihrem Kind verschiedene Aktivitäten anzubieten, wie z. B. das Ordnen der verschiedenen Teile nach Farben. Legen Sie die Legosteine und zwei Schüsseln auf die Aktivitätsmatte und fordern Sie das Kind auf, die Teile zu ordnen, indem Sie jede Farbe in die entsprechende Schüssel legen (Sie können ihm zum Beispiel sagen, welche rot und welche blau ist). Auch wenn es sie nicht unterscheidet, indem es die Stücke nach Farbe trennt, wird das Kind den Fehler sofort bemerken, wenn es eine andere Farbe als die anderen in der Schüssel sieht.

Mit Lego können Sie auch die grundlegenden Konzepte von Brüchen lernen. Sie können Ihrem Kind beispielsweise die verschiedenen festen Figuren wie den Würfel oder den Quader zeigen und ihm sagen, dass es der Würfel und genau die Hälfte des Quaders ist. Sie können dies mit allen soliden Figuren tun.

97. Das Tamburin, der Rhythmus und der Tanz

Zweck: Verbesserung der kognitiven Fähigkeiten, Verfeinerung der Koordination und des Gleichgewichts.

Das Hören von Musik stimuliert Bereiche des Gehirns, die die kognitiven Fähigkeiten verbessern, während das Spielen eines Instruments die Aktivierung von Bereichen des Gehirns im Zusammenhang mit dem Gebrauch von Sprache beinhaltet. Aber nicht nur das! Wenn Ihr Kind das Spielen eines Instruments übt, lernt es, sich nach einem Rhythmus zu bewegen, während es beim Tanzen erhebliche Anstrengungen unternimmt, um das Gleichgewicht zu finden. Die Momente, in denen es sich besonders für Musik interessiert, können Sie nutzen, um mit ihm kleine Übungen zum Tanzrhythmus zu machen, auf einem Fuß das Gleichgewicht zu halten, auf die Zehenspitzen zu gehen, die Arme gen Himmel zu heben, erst einmal ein Knie zu heben und dann das andere und so weiter. Diese Übungen, die sehr einfach erscheinen mögen, haben einen großen Einfluss auf verschiedene Bereiche des Gehirns, die es Ihrem Kind ermöglichen, nicht nur die Muskeln, sondern auch den Verstand zu trainieren.

98. Die Namen

Zweck: Erweiterung der Sprache.

Wenn Sie mit Ihrem Kind zusammen sind, helfen Sie ihm, seine Sprache so weit wie möglich zu entwickeln, indem es neue Begriffe und insbesondere spezifische Begriffe kennenlernt. Wenn Sie beispielsweise mit ihm einen Rundgang durch den Garten machen, beschränken Sie sich nicht darauf, über die verschiedenen Lebensformen zu sprechen, indem Sie sagen, um welche Art von Leben es sich handelt (z. B.: Pflanze, Baum, Vogel), sondern versuchen Sie es so genau wie möglich durch Angabe des Typs zu sein; oder wenn Sie die Körperteile benennen, sagen Sie nicht einfach Hand oder Finger, sondern sagen Sie dem Kind, wie alle Finger und Zehen heißen und so weiter. Auf diese Weise lernt es neue Begriffe und kann das Wort mit dem betreffenden Gegenstand in Verbindung bringen.

99. Der Raum

Zweck: Erweiterung der Sprache und Wahrnehmung des Raumes um sich herum.

Versuchen Sie immer, Begriffe zu verwenden, die es ihm ermöglichen, sich im Raum zu orientieren, zum Beispiel „oben und unten“, „vorne und hinten“, „neben“, „nah und fern“ usw. Diese Worte erlauben es ihm, den Dingen eine Ordnung zu geben, indem es bestimmt, wo sie sich befinden. Um ihm diese Konzepte einzuprägen, können Sie mit ihm spielen, indem Sie es zum Beispiel bitten, sein Kuscheltier auf das Bett, unter den Tisch, vor den Kleiderschrank, neben den Teppich zu legen. Auf diese Weise lernt es durch das Spiel die Konzepte von Raum und Orientierung und erwirbt neue Begriffe.

100. Die Perlen

Zweck: Entwicklung der visuellen Motorik und Feinmotorik der Hand, Konzentration und Präzision.

Material:

- Stab oder Schnur
- farbige Perlen

Wenn das Kind die Schnur nicht in der Hand halten kann, können Sie ihm zunächst einen Stock oder Stab geben, in den es große Perlen einfädeln kann; Wenn es sich mit diesen Tätigkeiten vertraut gemacht hat und beim Einsetzen der Perlen sehr präzise ist, können Sie den Stab durch eine Schnur ersetzen. Zeigen Sie ihm, wie man die Schnur hält und wie man die Perle einfädelt, und lassen Sie es dann alleine üben, ohne es zu stören, damit es nicht die Konzentration verliert. Sie werden feststellen, dass es am Anfang die Perlen setzt, ohne sich um die Farbe oder die Größe zu kümmern, und später, wenn es die Bewegung beherrscht, wird es in der Lage sein, die Perlen auszuwählen und zu wechseln.

101. Die Matroschkas

Zweck: Einordnen und Ordnen nach Größenordnungen, Entwicklung der Feinmotorik der Hand und der Konzentrationsfähigkeit.

Matroschkas ermöglichen es dem Kind, die unterschiedlichen Größen zu beobachten, Gegenstände nach ihrer Größe zu klassifizieren und zu ordnen. Matrjoschkas sind sehr vielseitig, da sie es nicht nur ermöglichen, sich der Größe nach zu ordnen, sondern auch Türme zu bauen, das Gleichgewicht zu entdecken und Dinge hineinzulegen.

102. Der Wagen

Zweck: Entwicklung der Motorik, Konzentrationsfähigkeit und Autonomie.

Material:

- Holzkasten
- Schleifpapier
- Filz
- Kordel

Stellen Sie Ihrem Kind einen kleinen Trolley zur Verfügung oder basteln Sie sich einen ganz einfachen selbst. Nehmen Sie eine sehr stabile Obstkiste aus Holz und glätten Sie sie mit Sandpapier. Kleben Sie den Filz unten und in den Ecken fest, damit das Kind ihn leicht über den Boden ziehen kann, ohne ihn zu zerkratzen. Binden Sie zum Schluss eine Schnur an den Wagen, damit er ohne großen Kraftaufwand gezogen werden kann.

Das Kind kann seine Kuscheltiere oder sein Lieblingsspielzeug auf den Wagen laden und durch das Haus tragen. Ziehen und Schieben gehören zu den Lieblingsbeschäftigungen von Kindern und ermöglichen ihnen, motorische Fähigkeiten zu entwickeln und zu lernen, wie man mit Kraft umgeht.

103. Aktivitätentafel

Zweck: Entwicklung der Feinmotorik der Hand.

Die Aktivitätentafel ist ein echtes Fitnessstudio für Ihr Kind. Durch die Tafel können Sie die feine Bewegung der Hand trainieren, indem Sie Schlösser, Riegel und Vorhängeschlösser öffnen und schließen oder Schalter ein- und ausschalten. Sobald Sie die Verwendung der von Ihnen im Aktivitätsbereich vorgeschlagenen Objekte beherrschen, können Sie andere wie Räder, Schrauben, Bolzen, Karabiner usw. hinzufügen.

Ab 15 Monate

104. Sparschwein-Box

Zweck: Entwicklung der Hand-Augen-Koordination und des Zangengriffs zwischen Daumen und Fingern.

Das Loch in dieser Box besteht aus einem kleinen Schlitz, in den das Kind die Geldstücke stecken muss. Der Lernprozess ist derselbe wie bei den anderen Boxen. Zuerst wird das Kind mit den Materialien vertraut gemacht, indem es sie sorgfältig auf seiner Matte studiert; dann wird es üben, sie in das Loch zu stecken, beobachten, wie sie in die Schublade fallen, und schließlich wird es die Schublade öffnen, um sie herauszunehmen. Die Schwierigkeit dieser Übung liegt in der Form des Materials: Im Gegensatz zu anderen Materialien, die leicht zu greifen waren, weil sie das Öffnen der Hand erforderten, müssen die Geldstücke mit Daumen und Zeigefinger genommen werden, um in das Loch eingeführt zu werden. Diese besondere Form ermöglicht es dem Kind, einen Zangengriff zwischen dem Daumen und den anderen Fingern der Hand zu entwickeln.

Ab 18 Monate

105. Nomenklaturkarten

Zweck: Objekte klassifizieren, beobachten, Wortschatz erweitern, Objekte nach Kategorie und Qualität in Gruppen einteilen, sich mit Schreiben und Lesen vertraut machen.

Nomenklaturkarten sind Karten, die ein Foto eines Objekts mit seinem Namen in Kursiv- oder Blockschrift enthalten. Sie können die Nomenklaturkarten für verschiedene Aktivitäten verwenden. Anfangs können Sie sie in Kategorien einteilen und sie in verschiedene Kästen legen, um dem Kind jeweils eine Kategorie anzubieten; Zeigen Sie ihm jeweils eine Karte und benennen Sie das dargestellte Objekt, damit es viele Wörter lernen kann. Nachdem Sie alle Karten präsentiert und auf dem Tisch angeordnet haben, nennen Sie einen Gegenstand und bitten Sie es, diesen zu finden.

Wenn das Kind mit den Wörtern und Assoziationen von Objekten vertraut ist, können Sie die Schwierigkeit der Übung erhöhen, indem Sie einen weiteren Satz identischer Nomenklaturkarten verwenden. An diesem Punkt können Sie es bitten, die gleichen Zahlen zu assoziieren, und wenn es falsch liegt, wird es dies selbst erkennen; oder Sie können es bitten, die Karten nach Farbe zu ordnen: Es legt alle gelben Gegenstände auf eine gelbe Karte, die roten auf die rote Karte und so weiter. Auf diese Weise lernt es, Farben zu unterscheiden, und wenn es falsch ist, sie zu klassifizieren, wird es ihm auffallen. Wenn Sie Ihrem Kind viele Nomenklaturkarten verschiedener Kategorien präsentiert haben, können Sie die Karten verwenden, um Objekte nach Kategorien zu klassifizieren. Mischen Sie sie und bitten Sie es dann, sie zu unterteilen, indem Sie Obst, Tiere, Transportmittel usw. klassifizieren. Es muss sich jeweils eine Karte ansehen und sie dann in das entsprechende Deck legen.

106. Memory

Zweck: Entwicklung der Konzentrationsfähigkeit, der Sprache, der Mnemonik und der kognitiven Fähigkeiten.

Diese Tätigkeit besteht auch in der Verwendung von Nomenklaturpapieren. Beginnen Sie damit, doppelte Kartendecks aus einer einzigen Kategorie zu verwenden; Ordnen Sie alle Karten verdeckt an und lassen Sie das Kind zwei davon umdrehen. Lassen Sie ihr Kind diese drehen, bis es die gleichen findet und es schafft, sie alle zuzuordnen.

Wenn es die Übung gemeistert hat, können Sie die Schwierigkeit erhöhen, indem Sie die Gegenstände der Karten, die es von Zeit zu Zeit aufhebt, benennen; Fragen Sie es, was das Objekt ist, und lassen Sie es dieses benennen. Schlagen Sie ihm dann vor, die andere identische Karte zu finden; so lernt es sehr schnell alle zu den Bildern gehörenden Begriffe und erweitert seinen Wortschatz.

Sie können die Schwierigkeit der Übung noch steigern, indem Sie das Kind zwei Karten gleichzeitig nehmen lassen, und wenn die Karten gleich sind, muss es sie beiseitelegen, wenn sie unterschiedlich sind, muss es sie wieder umdrehen. Diese Übung ermöglicht ihm, eine starke Konzentrationsfähigkeit zu entwickeln und sein Gedächtnis zu trainieren, um die gleichen Zahlen zuordnen zu können.

107. Symmetrie

Zweck: Erlernen des visuellen Konzepts der Symmetrie, Beobachtung.

Material:

- Blatt Papier
- Temperafarben
- Pinsel

Falten Sie ein Blatt in der Mitte und lassen Sie Ihr Kind nur auf einer Seite des Blattes malen. Wenn seine Zeichnung fertig ist, falten Sie das Blatt und zeigen Sie ihm, was auf der anderen Seite zu sehen ist. Diese Aktivität wird es ihm ermöglichen, das Konzept der Symmetrie visuell zu entdecken. Geben Sie ihm mehr Blätter Papier und lassen Sie es selbst experimentieren, wie Symmetrie andere Formen erzeugt.

108. Die Papierpuppe

Zweck: die Proportionen verstehen und den eigenen Körper entdecken.

Material:

- großes Blatt Papier
- Bleistifte und Farben

Zeichnen Sie auf einem großen Blatt Papier die Umrisse des Kindes nach und schneiden Sie es aus; Zeichne dann zusammen mit ihm alle Elemente des

Körpers in Proportionen: die Augen, den Mund, die Hände, die Kleidung usw. Dieses Körperschema wird ihm seinen eigenen Körper bewusst machen, ihm ermöglichen, seine Details zu studieren und neue Begriffe zu lernen

109. Drucken

Zweck: feine Handbewegungen zu trainieren und Beobachtungs- und Reflexionsfähigkeiten zu entwickeln.

Material:

- Korb mit verschiedenen Blättern in verschiedenen Formen und Größen (Petersilie, Rosmarin, Salbei, Lorbeerblatt usw.)
- grobes Papier
- Aquarelle
- Pinsel

Bitten Sie Ihr Kind, die Unterseite des Blattes mit Wasserfarben zu bemalen, es dann auf das grobe Papier zu drehen und zu drücken. Fragen Sie es: "Wie hinterlässt das Blatt einen Abdruck?", "Ist es einheitlich?", "Ist es gepunktet?", "Warum?" Stellen Sie Fragen, um seine Reflexions- und Beobachtungsfähigkeit anzuregen, und lassen Sie es dann weiter mit dem Drucken von anderen Blättern experimentieren. "Welche Unterschiede bemerkst du?"

Im Laufe der Zeit können Sie die Schwierigkeit der Übung erhöhen, indem Sie halbierte Früchte drucken und das Konzept der Geometrie einführen.

Ab 2 ½ Jahren

110. Die Puzzles

Zweck: Entwicklung der Fähigkeit zur Logik und Feinmotorik der Hand.

Wählen Sie Naturpuzzles aus und zeigen Sie dem Kind, wie es den Griffknopf mit drei Fingern greifen und geräuschlos an der richtigen Stelle platzieren kann. Es wird diese Aktion üben, indem es das Puzzle zusammensetzt und zerlegt, bis es seine Logik entwickelt und die Geste mit äußerster Präzision ausführt.

111. Rollenspiele

Zweck: die Vorstellungskraft zu entwickeln.

Kinder erschaffen sehr gerne imaginäre Welten, in denen sie mit verschiedenen Rollen experimentieren und diese gerne spielen; sie stellen sich zum Beispiel vor, sie seien Eltern oder stellen sich vor, zu kochen. In ihren Gedanken versuchen sie, alles zu reproduzieren, was sie Erwachsene tun sehen, und stellen sich vor, dasselbe in ihrer kleinen Welt der "maßgeschneiderten" Objekte zu tun. Wenn Sie sehen, dass Ihr Kind in diese Aktivität vertieft ist, stören Sie es nicht und greifen Sie nicht ein; es sei denn, es bittet ausdrücklich um Ihre Anwesenheit. In diesen Momenten versucht ihr Verstand, alltägliche Gefühle und Erfahrungen zu verarbeiten, indem es sie in einer Fantasiewelt reproduziert. Die beliebtesten Rollenspiele sind:

- sich als Eltern ausgeben;
- sich um die Puppen kümmern, als wären es ihre eigenen Kinder;
- sich vorstellen, den Einkauf zu erledigen;
- sich vorstellen zu kochen;
- sich als Händler und Käufer ausgeben.

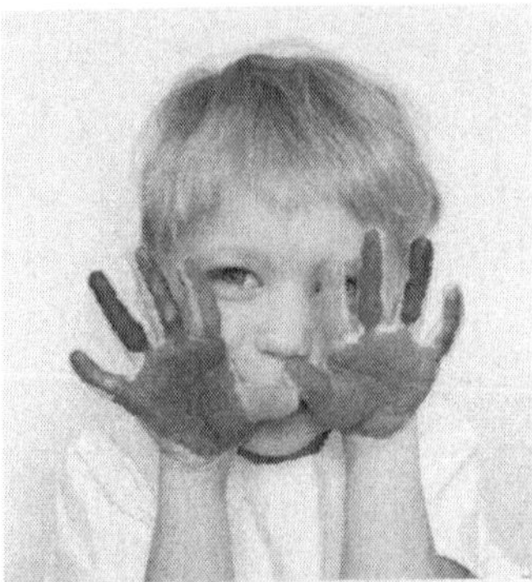

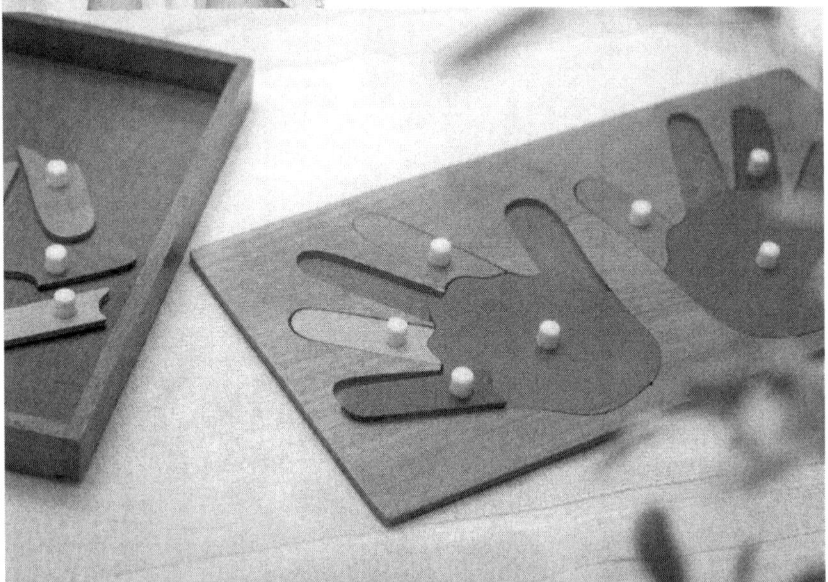

Kapitel 8: Montessori Outdoor-Aktivitäten

Leider sieht man Kinder heutzutage immer häufiger an Smartphones und Fernseher geklammert, anstatt sie im Freien spielen zu sehen. Das Spielen im Freien ist sehr wichtig, da das Kind so optimal wachsen und sich entwickeln kann. Die Beobachtung der Natur ermöglicht es ihm, seine sensorischen Fähigkeiten zu verfeinern und auch ein tiefes Interesse an jedem Lebewesen zu entwickeln; es sieht, wie Bäume, Blumen, Gräser und Pflanzen wachsen und sich verändern und lernt, sie zu respektieren und mit Sorgfalt zu behandeln. All dies wirkt sich nicht nur auf die Lernebene, sondern auch auf die kognitive, emotionale und sensorische Ebene stark aus.

Wissenschaftliche Studien haben gezeigt, dass die Vorteile des Kontakts mit der Natur folgende sind: allgemeines Wohlbefinden, Selbstdisziplin, Verringerung depressiver Störungen und problematischer Verhaltensweisen von Kindern, Wachstum des Selbstwertgefühls, der Autonomie und Kreativität, Anregung der Geselligkeit, Entwicklung von Empathie.

Insbesondere eine in Belgien an einer Stichprobe von 620 Kindern durchgeführte Studie zeigte, dass diejenigen, die in einer üppig grünen Umgebung leben, nicht nur die Wahrscheinlichkeit verringern, problematische Verhaltensweisen zu entwickeln, sondern auch ihren IQ stärken.[25]

Andere Untersuchungen haben gezeigt, dass die Natur es uns ermöglicht, mit Störungen wie Konzentrations- und Aufmerksamkeitsstörungen sowie Aufmerksamkeitsdefizit-Hyperaktivitätsstörung umzugehen. Bei Kindern, die in der Nähe von Grünflächen leben, wurde festgestellt, dass das Volumen des präfrontalen und prämotorischen Kortex (die Gehirnregionen, die am Arbeitsgedächtnis und den Mechanismen zur Aufrechterhaltung der Aufmerksamkeit beteiligt sind) größer ist.

Neben wohltuenden Wirkungen wirkt Outdoor-Aktivität auch präventiv im Hinblick auf die Entwicklung des Bewegungsapparates, Herz-Kreislauf-, Stoffwechsel- und Tumorerkrankungen und wirkt zudem stress- und angstlösend.

Es gibt so viele Vorteile, Zeit im Freien zu verbringen. Kinder haben das Recht, die Natur zu erleben, und die Aufgabe der Erwachsenen besteht darin, ihnen zu helfen, mit ihr zu verschmelzen, indem sie sie kennen, ihre Eigenschaften studieren und sie bewundern. Maria Montessori hat oft betont, wie wichtig es ist, Kindern die Natur näher zu bringen, indem sie dieses Gefühl lehrt und kultiviert; dazu äußerte sie sich mit folgenden Worten:

«Das Naturgefühl wächst mit Übung wie alles andere auch; und es Reicht sicherlich nicht, es mit irgendeiner Beschreibung oder Ermahnung zu erklären, die

---

[25] BIJNENS E.M – DEROM C. – THIERY E. –WEYERS S. – NAWROT T.S., *Residential green space and child intelligence and behavior across urban, suburban, and rural areas in Belgium: A longitudinal birth cohort study of twins, Plos Medicine,* 18 August 2020, in https://journals.plos.org/plosmedicine/article?id=10.1371/journal.pmed.1003213.

pedantisch vor einem trägen und gelangweilten Kind gemacht wird, das in Mauern eingeschlossen ist und daran gewöhnt ist zu sehen oder zu hören, dass Tierquälerei eine Notwendigkeit des Lebens ist. (...) Wir schulden Kindern eher eine Wiedergutmachung als eine Lektion. Wir müssen die unbewussten Wunden heilen, die spirituellen Krankheiten, die bereits in diesen kleinen Kindern der Gefangenen der Umgebung zu finden sind.» [26]

Die Natur ist daher eine starke Erfahrungsquelle für das Kind. Es gibt viele Möglichkeiten, den Kontakt mit der Natur zu fördern, z. B. durch Bewegen und Spielen, Gestalten, Gärtnern und Pflegen eines Tieres. Durch Bewegung im Freien kann das Kind alles umsetzen, was ihm in den Sinn kommt wie Laufen, Springen, Klettern, Hängen, Radfahren etc.; Darüber hinaus ermöglicht ihm die sorgfältige Beobachtung von allem, was es umgibt (wie Blumen und Blätter), seiner Fantasie und Kreativität freien Lauf zu lassen, indem es die von der Natur angebotenen Materialien verwendet, um etwas zu modellieren und neue Sinneserfahrungen zu machen.

Eine andere Möglichkeit, das Kind an das Grün heranzuführen, besteht darin, es in die Gestaltung eines Gemüsegartens einzubeziehen. Durch die Pflege von Pflanzen entwickelt das Kind Eigenschaften wie Geduld, Verantwortungsbewusstsein und Liebe zur Natur; Es wird auch sein Interesse und seinen Wunsch steigern, herauszufinden, wie ein kleiner Samen in eine wunderschöne Pflanze verwandelt wird, die Blumen und Früchte hervorbringt.

---

[26] M. MONTESSORI, *La scoperta del bambino*, Garzanti, Mailand, 1999.

Begleiten Sie also Ihr Kind bei der Entdeckung der Natur und lassen Sie es diese erleben! In dieser Rubrik finden Sie viele nützliche Ideen für Outdoor-Aktivitäten, die den Verstand und die Motorik anregen.

Ab 12 Monate

112. Der Regen

Zweck: die Bedeutung der Stille verstehen, atmosphärische Phänomene und ihre Auswirkungen auf die Umgebung entdecken.

Material:

- Stiefel
- Regenmantel

Regen bietet Kindern ein einzigartiges Sinneserlebnis, bringt ihnen die Natur näher und lässt sie mit ihren 5 Sinnen alles um sich herum entdecken. Sie können einen nicht zu kalten Regentag nutzen, um Ihre Kinder auf ein Abenteuer mitzunehmen; Nachdem es einen Regenmantel und Stiefeletten angezogen hat, laden Sie es ein, ruhig zu sein, damit es das Geräusch des Regens hören kann, sein mehr oder weniger lautes Ticken, es kann ihn riechen und schmecken und kann sehen, wie die Pflanzen, Steine, Blumen und Bäume ihre Farbe ändern, wenn Regen auf sie niederfällt.

113. Schneemänner

Zweck: Stimulierung der feinen Fingerfertigkeit, Entwicklung von Kreativität und Vorstellungskraft und Steigerung des Gefühls von Freiheit und Autonomie.

Schnee ist ein sehr lustiges Erlebnis für Kinder. Sie können einen Schneetag oder einen Tag in den Bergen nutzen, damit das Kind diesen studiert, ihn berührt, ihn schmeckt und ihn mit einer Lupe betrachtet. Wenn es reichlich geschneit hat, kannst du mit ihm mit Eimern und Schaufeln Schneemänner bauen. Vergessen Sie nicht die berühmte Karotte für die Nase des Schneemanns und die Knöpfe für die Augen. Lassen Sie es frei spielen und experimentieren und unterbrechen Sie seine Konzentration nicht.

114. Dem Wind zuhören

Zweck: Stille erobern und Gehör entwickeln.

Die Gewinnung der Stille ist eines der Prinzipien der Montessori-Methode. Wenn Sie Ihr Kind daran gewöhnen, in Stille zuzuhören, kann es sein Gehör entwickeln und alle Geräusche entdecken, die die Natur hervorbringt, wie den Wind, der die Fensterläden zuschlagen lässt, der durch die Tür oder durch die Blätter der Bäume dringt.

Sie können diese Erfahrung erweitern, indem Sie Windspiele bauen, die sich mit dem Wind bewegen. Sie können leere Gläser aus verschiedenen Materialien, Formen und Größen verwenden und sie mit einem Faden zusammenbinden und dann an einen Ast oder in die Nähe des Fensters hängen. An einem windigen Tag kann ihr Kind die verschiedenen Geräusche des Windes erleben und seine Stärke bewundern.

115. Schatzsuche

Zweck: Förderung der Autonomie und des Wunsches, neue Begriffe zu entdecken, sich anzueignen und den Zyklus der Jahreszeiten kennenzulernen.

Wenn es ein schöner sonniger Tag ist, können Sie die Gelegenheit nutzen, um mit Ihrem Kind in den Park zu gehen. Dort angekommen, lassen Sie viele kleine Schätze, die Sie im Voraus gesammelt haben, wie leere Muscheln, Blumen und Blätter, um sich herum. Lassen Sie es ihre Eigenschaften untersuchen und sagen Sie ihm, wie sie heißen, damit es den Namen mit dem Objekt in Verbindung bringen kann. Wenn es älter ist, kann es selbstständig nach kleinen Schätzen suchen (z. B. nach Eichhörnchen, Schmetterlingen, Blumen, Ameisenhaufen, usw.) und die Freude an seinen kleinen oder großen

Entdeckungen spüren. Lassen Sie es frei entdecken, ohne seine Momente der Konzentration zu unterbrechen, aber achten Sie trotzdem darauf, dass es keine schmutzigen Gegenstände aufhebt oder welche, die es verletzen könnten.

Wenn Sie Ihr Kind regelmäßig in die Natur führen, geben Sie ihm die Möglichkeit, alles um sich herum zu beobachten und auch, wie sich alles mit den Jahreszeiten verändert.

116. Schatzsuche am Strand

Zweck: Förderung der Autonomie und des Wunsches, neue Begriffe zu entdecken und zu erwerben.

Wenn Sie in der Nähe des Meeres wohnen oder in der Nähe Urlaub machen, können Sie diese Gelegenheit nutzen, um Ihrem Kind eine Schatzsuche am Strand anzubieten. In dieser neuen Umgebung kann es seiner Neugier freien Lauf lassen, indem es nach bestimmten Elementen der Natur wie Muscheln, Schwämmen, Steinen mit seltsamen Formen und Farben usw. sucht. Sie können dann seinen kleinen Schatz im Sand verstecken und es bitten, ihn zu finden; Auf diese Weise muss es mit seinen Händen graben und seinen Verstand testen, um sich im Raum zu orientieren.

Sie können die Schwierigkeit der Übung erhöhen, indem Sie an verschiedenen Stellen verschiedene Schätze im Sand verstecken. Wenn andere Kinder anwesend sind, können alle Spaß daran haben, diese zu suchen.

117. Die Halsketten

Zweck: Entwicklung der Konzentrationsfähigkeit, Geduld und Feinmotorik der Hand.

Frühling und Sommer bieten viele Gelegenheiten, viele Arten von Blumen blühen zu sehen; Sie können dies nutzen, um Ihre Kinder dazu zu verleiten, diese an sehr langen Stiele zu lassen und so viele wie möglich zu sammeln. Wenn sie mit der "Ernte" fertig sind, müssen sie mit viel Geduld und Feingefühl ein kleines Loch in den Stängel der ersten Blume bohren, in das sie den Stängel der zweiten stecken usw.; oder Sie können sie durch eine Schnur führen. Mit dieser Methode können sie wunderschöne Blumenketten, Girlanden, Armbänder usw. herstellen. Auch beim Trocknen der Blumen kann das Kind viel lernen und später für Decoupage-Arbeiten verwenden.

118. Die Muschelhalskette

Zweck: Entwicklung der Konzentrationsfähigkeit, Geduld und Feinmotorik der Hand.

Wenn Sie am Meer sind und mit Ihrem Kind bereits die Schatzsuche vollendet habt, ist es an der Zeit, Halsketten mit seinen "Meeresschätzen" zu kreieren. Wenn es unter den Muscheln einige mit Löchern oder Schlitzen gibt, können Sie anbieten, dass sie eine Schnur durchziehen und eine schöne Halskette herstellen. Anschließend kann es die Muscheln spielerisch mit Temperafarben verzieren und so Halsketten aus farbigen Muscheln herstellen.

Ab 2 Jahren

119. Der Drachen

Zweck: Orientierung fördern, Muskulatur und Immunsystem stärken sowie Konzentration und Selbstwertgefühl steigern.

Material:

- Tüte aus Plastik oder Seidenpapier
- 4 Stäbchen oder Plastikstrohhalme
- Klebeband
- Schere
- Schnur
- Korken
- Bänder oder Blätter

An windigen Tagen können Sie Ihr Kind die Erfahrung machen lassen, einen Drachen am Himmel steigen zu lassen. Sie können diesen Moment noch lustiger gestalten, wenn Sie ihn mit ihm bauen. Dazu müssen die Stäbchen kreuzweise auf der Plastikfolie angeordnet und sowohl in der Mitte als auch an den Enden mit Klebeband befestigt werden. Schneiden Sie dann eine Raute aus, und verbinden Sie die Schnur in der Mitte. Das Kind kann Spaß daran haben, seinen Drachen weiter zu verschönern, indem es einen Schwanz aus Bändern oder Blättern hinzufügt. Am anderen Ende der Schnur können Sie einen Korken binden, damit das Kind den Drachen festhalten kann. An diesem Punkt kann es erleben, wie hoch der Drachen fliegen kann und aus welcher Richtung der Wind kommt.

120. Der Garten

Zweck: es lernt, wie man sich um die Natur kümmert und lernt etwas über ihren Lebenszyklus.

Wenn Sie keinen Garten haben, können Sie jeden kleinen Platz nutzen, um einen kleinen Gemüsegarten anzulegen, z. B. eine kleine Ecke im Innenhof oder auf der Terrasse.

Material:

- Holzkisten, Pflanzgefäße oder Krüge
- Mutterboden
- Gießkanne
- Sprühflasche

Geben Sie die Erde im Winter in Holzkisten, Blumenkästen oder Krüge; Wenn der Frühling kommt, können Sie je nach verfügbarem Platz gemeinsam mit Ihrem Kind aromatische Kräuter, Gemüse oder Obst aussäen.

Beobachten Sie die Reaktion, wenn kleine Sämlinge aus den Samen zu sprießen beginnen. Bringen Sie ihm bei, sich um diese zu kümmern, indem Sie sie von Zeit zu Zeit mit seiner kleinen Gießkanne gießen und, wenn sie gewachsen sind, die Blätter mit dem Sprühgerät zu besprühen. Das Anlegen eines Gemüsegartens ist ein großartiger Moment für das Wachstum des Verstandes Ihres Kindes, da es durch seine Erfahrung nicht nur den Kreislauf der Natur lernt, sondern auch, wie man sich um andere Lebensformen kümmert. Wenn die Pflanzen gewachsen sind und die Zeit gekommen ist, die Früchte zu ernten, können Sie viele andere Aktivitäten vorschlagen, wie z.B. die Sensorischen, die verschiedenen Düfte von Kräutern zu erkennen oder zu lernen, Geschmäcker zu erkennen und sie jedem Obst oder Gemüse zuzuordnen.

121. Die Masken

Zweck: Den Kreislauf der Natur entdecken und Feinmotorik entwickeln.

Material:

- Blätter in verschiedenen Arten und Farben
- Schere
- Klebe

Wenn sich Ihr Kind mit Decoupage vertraut gemacht hat, können Sie ihm anbieten, Masken herzustellen, indem Sie viele verschiedene Blätter in verschiedenen Farben sammeln. Auf diese Weise wird er Spaß daran haben, im Garten nach Blättern zu suchen, zu sehen, wie sie sich je nach Jahreszeit verfärben, und die Unterschiede zwischen den Blättern entdecken; Darüber hinaus kann es durch die Verwendung einer Schere und Klebe seine Feinmotorik in der Hand entwickeln.

122. In Pfützen spielen

Zweck: Stimulierung der Motorik und der 5 Sinne, Förderung des Kontakts mit der Natur und Steigerung des Selbstwertgefühls und der Autonomie.

Statten Sie Ihr Kind mit Regenmantel, Gummistiefeln und alten Hosen aus und lassen Sie es die fantastische Welt entdecken, die Regen und Pfützen erschaffen haben. Es kann Spaß daran haben, darin zu springen, indem so viel Wasser wie möglich hochspritzt, oder es kann weit springen, ohne hineinzufallen; es kann beobachten, wie Holzstäbchen und Blätter darin schwimmen, oder sein Spiegelbild bewundern. Auch wenn Sie danach alle Ihre Kleider waschen müssen, enthalten Sie Ihren Kindern dieses wunderbare Erlebnis, das die Natur im Wechsel der Jahreszeiten schenkt, nicht vor.

123. Die Kegel

Zweck: Entwicklung der Motorik, Kenntnis des Körpers und seiner Grenzen, Verbesserung des Gleichgewichts und Steigerung des Selbstwertgefühls.

Material:

- leere und farbige Plastikflaschen oder farbige Kartonrollen
- 1 Ball

Noch vor dem Verlassen des Hauses kann das Kind sich beim Verzieren leerer Plastikflaschen oder Papprollen vergnügen und im Park dann mit seinen Freunden Kegeln spielen. Lassen Sie das Kind die Kegel ein paar Meter von sich entfernt und nicht zu nahe beieinander platzieren; Bitten Sie es dann, den Ball der Reihe nach zu werfen und so viele Kegel wie möglich umzuwerfen. Diese Übung wird ihm helfen, seine Kraft zu messen, sein Gleichgewicht und auch sein Selbstwertgefühl zu steigern. Wenn dieses Spiel zu einfach wird, können Sie den Schwierigkeitsgrad erhöhen, indem Sie Wasser in das Innere der Flaschen geben. Auf diese Weise muss das Kind viel mehr Kraft aufwenden, um sie niederzuschlagen.

124. Der Reifen

Zweck: Entwicklung der Motorik, Kenntnis des Körpers und seiner Grenzen, Verbesserung des Gleichgewichts und Steigerung des Selbstwertgefühls.

Der Reifen ist ein sehr vielseitiges Werkzeug für Kinder zum Spielen. Sie können es auf einen Rasen stellen oder mit einem Seil an einem stabilen Ast eines Baumes aufhängen. Kinder werden viel Spaß haben, in den Reifen hinein- und herauszuspringen oder ihn als Schaukel zu benutzen; Diese Aktivität wird Bewegung und Gleichgewicht stimulieren.

125. Einen Baum pflanzen

Zweck: den Kontakt mit der Natur zu fördern, ihre Veränderungen und den Wachstumsprozess zu beobachten, das Verantwortungsbewusstsein zu stärken.

Material:

- Baum
- Spaten
- Stock
- Seil
- Gießkanne

Es ist eine sehr bereichernde Erfahrung, Kindern zu erlauben, einen Baum in ihrem Haus, ihrer Schule oder ihrem ländlichen Garten zu pflanzen. Machen Sie mit einem Spaten ein Loch in die Erde und stecken Sie die Wurzeln hinein, achten Sie darauf, sie gut zu bedecken; Decken Sie alles ab und lassen Sie das Baby auf der Erde springen. Erklären Sie ihm, dass es wichtig ist, dem Baum zu helfen und ihn zu stützen, und dazu verwenden Sie einen Stock, den Sie neben den Stamm stellen, und ein Seil, mit dem Sie ihn festbinden. Lassen Sie das Kind die Erde gießen und geben Sie ihm dann die Aufgabe, einmal pro Woche zurückzukommen, um ihm etwas Wasser zu geben. Dies wird in ihm ein Gefühl der Verantwortung, des Interesses und des Schutzes gegenüber der umgebenden Natur schaffen und es wird in der Lage sein, ihre Veränderungen im Laufe der Zeit zu beobachten.

126. Die Futterkrippe

Zweck: Kontakt zur Natur fördern und Verantwortungsbewusstsein stärken.

Material:

- leere Joghurtbecher
- Schüssel
- Schnur
- Schere
- Schmalz
- Samen: Sonnenblume, Weizen, Hafer, Hirse usw.
- gehackte Trockenfrüchte: Walnüsse, gehackte Haselnüsse, Rosinen usw.

Nehmen Sie gemeinsam mit Ihrem Kind ein paar gut gereinigte Joghurtbecher und machen Sie ein Loch in den Boden. Nehmen Sie die Schnur, schneiden Sie ein langes Stück davon ab und fädeln Sie es in das Loch im Becher, indem Sie von innen einen großen Knoten machen. Lassen Sie das Schmalz bei Raumtemperatur weich werden, geben Sie es dann in die Schüssel und fügen Sie alle anderen Zutaten hinzu. Lassen Sie das Kind die Mischung mit den Händen mischen und gießen Sie sie dann mit Hilfe eines Löffels in die Becher. Lassen Sie die Gläser einige Stunden im Kühlschrank ruhen, danach können sie kopfüber an den Zweigen aufgehängt werden. An diesem Punkt muss ihr Kind nur noch beobachten, wie sich die Vögel nähern, sehen, wie sie fressen, und auf die Geräusche lauschen, die sie erzeugen.

127. Die Sandburgen

Zweck: Kreativität und Vorstellungskraft freisetzen, Kontakt mit der Natur fördern, Berührungen anregen.

Eine Möglichkeit, wie Kinder ihrer Fantasie am Meer freien Lauf lassen können, ist das Bauen von Sandburgen oder Skulpturen. Lassen Sie ihnen die Freiheit, sich schmutzig zu machen und sich etwas vorzustellen. Während ihre Hände arbeiten, tun dies auch ihre Gedanken, also lenken Sie sie nicht ab und lassen Sie sie in ihre anregende und unterhaltsame Aktivität eintauchen.

128. Seifenblasen

Zweck: Kreativität freisetzen und motorische Koordination entwickeln.

Der Zauber der Seifenblasen hat Kinder (und auch Erwachsene!) schon immer fasziniert. Wenn es ein schöner sonniger Tag ist, können Sie mit Ihrem Kleinen zauberhafte Seifenblasen machen. Das Sonnenlicht, das die Farben des Regenbogens reflektiert, bietet Ihnen ein fantastisches visuelles Erlebnis.

Material:

- ein Strohhalm
- ein Meter Garn
- Becken mit Wasser und Flüssigseife

Schneiden Sie den Strohhalm in zwei Hälften und fädeln Sie jedes Stück an einem Ende der Schnur auf. Tauchen Sie das Garb in das Becken mit der Flüssigseife und raten Sie Ihrem Kind, es nicht loszulassen. Schwenken Sie an dieser Stelle den Faden, bis eine riesige Seifenblase erscheint! Lassen Sie das Kind die Erfahrung so lange alleine wiederholen, wie es möchte.

Kapitel 9: Rezepte für die Kleinen

In Kapitel 8 haben wir viele Ideen für praktische Lebensaktivitäten bereitgestellt, die Sie Ihrem Kind anbieten können, um ihm die Küche näher zu bringen und ihm zu ermöglichen, Selbstvertrauen, Selbstwertgefühl und Unabhängigkeit zu erlangen. Aber warum ist es so wichtig, das Kind einzuladen, an den Aktivitäten in der Küche mitzuarbeiten?

Gründe, das Kind in die Küche einzubeziehen

Es gibt wirklich viele Gründe, ein Kind in die Aktivitäten einzubeziehen, die in der Küche durchgeführt werden, aber wir werden "nur" 10 nennen:

1. das Erste ist sicherlich, das Beste aus seinem **aufnahmefähigen Verstand zu machen**, d.h. der Fähigkeit, spontan und sehr schnell aus allen Reizen zu lernen, die von der Umgebung bereitgestellt werden;
2. ein zweiter Grund besteht darin, ihm zu ermöglichen, seine Hände zum Experimentieren und Entdecken zu verwenden, wodurch eines seiner

Hauptbedürfnisse befriedigt und ihm gleichzeitig ermöglicht wird, Handmuskeln und visuell-motorische Koordination zu entwickeln;
3. ihm die Möglichkeit geben, die 5 Sinne durch konstruktive Erfahrungen zu entwickeln;
4. ihm erlauben, das Wiederholen einer Aktivität zu üben, bis es sie vollständig beherrscht und eine starke Konzentrationsfähigkeit entwickelt;
5. den Wortschatz bereichern, indem es neue Begriffe lernt;
6. Mathematik auf die Realität anwenden;
7. ihm helfen, autonom zu werden und exekutive Funktionen zu entwickeln (Arbeitsgedächtnis, inhibitorische Kontrolle und kognitive Flexibilität);
8. die Sinne anregen und den Gaumen verfeinern;
9. ihm helfen, etwas über Essen und die Natur zu lernen;
10. ihm Werte übermitteln.

In diesem Kapitel schlagen wir einige Rezepte vor, die Ihr Kind selbst zubereiten kann (natürlich immer unter Ihrer Aufsicht, aber ohne einzugreifen). Zunächst ist es aber wichtig, ihm die richtigen Mittel in die Hand zu geben, um „es alleine schaffen" zu können. Lassen Sie uns einige von ihnen sehen.

Hilfsmittel

In Kapitel 6 haben wir gesehen, wie man eine Küche im Montessori-Stil organisiert. Jetzt geben wir einen kurzen Überblick über die Hilfsmittel, die Sie Ihrem Kleinen zur Verfügung stellen können, damit es selbstständig, aber sicher Rezepte zubereiten kann. Diese sind:

- Lernturm;
- maßgeschneiderte Schürze;
- geeignete Utensilien:
  - leicht zu tragendes Schneidebrett;
  - Krug mit Ausguss mittlerer Größe;

- Holzlöffel;
- Buttermesser und Schneidemesser;
- Nudelholz und Schneebesen;
- Kartoffelschäler, Reibe mit rutschfestem Griff, Kartoffelstampfer.

Denken Sie auch daran, einen Schrank im unteren Teil der Küche zu reservieren, damit es sein Zubehör in Ordnung halten kann: seine Schüsseln, seine Lappen, seine Utensilien und sogar die Zutaten, um sich den Snack zuzubereiten.

Jetzt sind Sie bereit, die Rezepte, die wir gleich vorschlagen werden, zusammen mit Ihrem Kind zuzubereiten; dann, wenn ihr Kind die perfekte Ausführung der Bewegungen und deren Folge gelernt hat, können Sie es das auch alleine machen lassen!

Auch in diesem Abschnitt haben wir die Rezepte nach Altersgruppen aufgeteilt, um mit den Fortschritten des Kindes Schritt zu halten. Denken Sie immer daran, es nicht zu einer bestimmten Aktivität zu zwingen, und verschieben Sie sie auf ein anderes Mal, wenn sich dies als zu schwierig erweist. Folgen Sie seinen Fortschritt und lassen Sie ihr Kind wählen.

Ab 2 Jahren

1. Fächer mit Marmelade

Zubereitung: 40 min. | Backzeit: 15 min. | Portionen: 10

Zutaten:

- *1 Rolle Blätterteig*
- *1/3 Glas Marmelade nach Wahl*

Zubereitung:

Ein Backblech mit Pergamentpapier auslegen und beiseitestellen.

Den Blätterteig vorsichtig auf der Oberfläche ausrollen, dann die Marmelade darauf verteilen. Rollen Sie eine Seite des Teigs bis zur Mitte, dann machen Sie dasselbe mit der anderen Seite. 30 Minuten ins Gefrierfach stellen. In der Zwischenzeit den Backofen auf 200 °C vorheizen.

Die Rolle in etwa 1 cm dicke Scheiben schneiden und auf das Backpapier legen. 12 Minuten backen, dann den Grillmodus einstellen und weitere drei Minuten goldbraun backen. Vollständig abkühlen lassen, dann die Fächer in einen luftdichten Behälter geben.

Was kann das Kind tun: es kann den Blätterteig ausrollen, aufrollen und schneiden, die Marmelade verteilen, Fächer auf dem Pergamentpapier verteilen, den Garvorgang kontrollieren und die Fächer in den Behälter umfüllen.

2. Milchcreme und Kekse

Zubereitung: 10 min. | Backzeit: 5 min. | Portionen: 2

Zutaten:

- *300ml Vollmilch*
- *150 g Plasmon-Kekse*
- *1 Esslöffel Honig*

Zubereitung:

Milch und Honig in einen Topf geben und bei mittlerer Hitze erhitzen, dabei umrühren, bis der Honig schmilzt. Die zerbröselten Kekse hinzugeben und gut vermischen, bis sie vollständig geschmolzen sind. Ein paar Minuten köcheln lassen, bis eine dicke Creme entsteht. Den Topf vom Herd nehmen, die Sahne abkühlen lassen und in die Schüsseln gießen und mit etwas zerbröckeltem Plasmon bestreuen.

Was kann das Kind tun: Die Kekse zerkrümeln und die Zutaten abwiegen.

3. Milch-shake

Zubereitung: 5 min. | Portionen: 4

Zutaten:

- *500ml Milch*
- *200 g gefrorene Milch oder Vanilleeis*
- *200 g frische Himbeeren*
- *1 Esslöffel Marmelade*

Zubereitung:

Die Himbeeren gut waschen und für ca. 1 Stunde in den Gefrierschrank stellen.

Milch, Eiscreme, gefrorene Himbeeren und Marmelade in einen Mixer geben und einige Minuten mixen, bis die Mischung glatt ist. Milchshake in die Gläser füllen, mit frischen Himbeeren garnieren und genießen.

Was kann das Kind tun: Die Zutaten abwiegen.

4. Marmelade

Zubereitung: 20 min. | Kochzeit: 30 min. | Portionen: 2 Gläser

Zutaten:

- *2 kg Aprikosen oder andere Früchte*
- *500 g Zucker*
- *Saft von 1 Zitrone*

Zubereitung:

Wählen Sie reifes und makelloses Obst, waschen Sie es dann gut und trocknen Sie es auf einem Geschirrtuch ab. Aprikosen halbieren, entkernen und in Spalten schneiden. Übertragen Sie diese in eine Schüssel und fügen Sie den Zucker hinzu. Den Zitronensaft auspressen und durch ein feines Sieb passieren. Den Saft in die Schüssel geben und mit einer Kelle verrühren. Mit dem Deckel der Schüssel oder mit Frischhaltefolie abdecken und über Nacht im Kühlschrank ziehen lassen.

Alles in einen Topf geben und zum Kochen bringen. 30 Minuten garen, gelegentlich umrühren. Wenn die 30 Minuten um sind, gießen Sie die Marmelade in desinfizierte Gläser und schrauben Sie die Deckel zu.

Was kann das Kind tun: Es kann die Früchte waschen, trocknen, in Stücke schneiden und in die Schüssel geben; es kann den Zucker hinzufügen, die Zitrone auspressen, den Saft filtern und in die Schüssel gießen; es kann mit der Kelle mischen und die Deckel zu schrauben.

5. Smoothie

Smoothies sind Fruchtshakes auf Milchbasis, die das Kind mit Früchten seiner Wahl zubereiten kann. Unten schlagen wir verschiedene Farben vor, um das Kind zu unterhalten und um die Frucht nach Farbe zu teilen. Der Ablauf ist für alle gleich.

Zubereitung: 1 Stunde und 5 min. | Portionen: 1 Glas

Zutaten

Gelb:

- *½ Tasse Mango oder Pfirsiche*
- *1 Maracuja oder ½ Tasse Aprikosen*
- *½ Banane*
- *½ Tasse Wasser*
- *½ Tasse Kokosmilch oder Vollmilch*

Lila:

- *½ Tasse Blaubeeren*
- *½ Tasse Erdbeeren*
- *½ Tasse rote Trauben*
- *½ Tasse Soja- oder Reismilch*

Rosa:

- *5 Erdbeeren*
- *1 Himbeere*
- *½ Tasse dehydrierte Kokosnuss*
- *½ Tasse Milch*

Grün:

- *2 Tassen Spinat*
- *½ Tasse Avocado*
- *¼ Tasse Ananas*
- *1 Tasse Apfelsaft*
- *½ Tasse Milch*

Zubereitung:

Das ausgewählte Obst putzen und in Stücke schneiden. In gefriergeeignete Beutel umfüllen und über Nacht in den Gefrierschrank stellen. Geben Sie den Inhalt des Beutels in den Mixer und fügen Sie das Getränk hinzu. Etwa 1 Minute mixen, dann in ein Glas geben.

Was kann das Kind tun: Obst und Gemüse waschen und schneiden und je nach Farbe auf die verschiedenen Tüten verteilen; Zutaten dosieren.

6. Kekse mit Schokolade gefüllt

Zubereitung: 15 min. | Backzeit: 10 min. | Portionen: 12

Zutaten:

- *60 g Zucker oder 40 g Honig*
- *80 g Kokosöl*
- *60 g Soja-, Hafer- oder Reismilch*
- *200 g Mehl (00, Hafer, Reis oder Vollkorn)*
- *6 halbierte Schokoladenquadrate*
- *1 Prise Salz*

Zubereitung:
Backofen auf 180°C vorheizen und einen Teller mit Backpapier auslegen. Mischen Sie in einer mittelgroßen Schüssel das Kokosöl und den Zucker, bis die Mischung homogen ist. Die Milch langsam unter ständigem Rühren hinzugeben. Zum Schluss Mehl und Salz dazugeben und mit den Händen kneten, bis eine Kugel entsteht. Den Teig in 12 Portionen teilen und Kugeln formen. Die Kugeln mit der Handfläche flach drücken, ein halbes Schokoladenquadrat auf jede Scheibe legen und den Teig fest über die Schokolade klappen, die Ränder sorgfältig schließen. 10 Minuten backen und vor dem Genuss 5 Minuten abkühlen lassen.
Was kann das Kind tun: Es kann die Zutaten abmessen, Öl und Zucker mischen, kneten, Kugeln formen und die Kekse auf dem Blech anrichten.

7. Schokoladenkekse

Zubereitung: 15 min. | Backzeit: 10 min. | Portionen: 12
Zutaten:

- *1/3 Tasse Kokos- oder Olivenöl*
- *½ Tasse brauner Zucker*
- *¼ Tasse Kristallzucker*
- *¼ Tasse Milch*
- *1 Teelöffel Maisstärke*
- *1 Teelöffel Vanillin*

- *1 ½ Tasse Mehl*
- *1 Prise Salz*
- *1 Prise Backpulver*
- *½ Tasse Schokoladenstückchen*

Zubereitung:

Backofen auf 180°C vorheizen und ein Blech mit Backpapier auslegen.

Öl und Zucker in einer Schüssel mischen; fügen Sie Milch, Stärke und Vanillin hinzu und mischen Sie gut; fügen Sie das Mehl, Backpulver und Salz hinzu. Zum Schluss die Schokoladenstückchen dazugeben und von Hand kneten.

Mit einem Eisportionierer den Teig entnehmen und 12 Kugeln auf das Backpapier legen. 10 Minuten backen und vor dem Genuss 5 Minuten abkühlen lassen.

Was kann das Kind tun: Es kann die Zutaten abmessen, gießen, mischen, kneten und die Kekse auf der Pfanne anrichten.

8. Mandelmilch

Zubereitung: 10 min. + 1 Nacht / Portionen: 3 Gläser

Zutaten:

- *100 g Mandeln oder Haselnüsse*
- *75cl Wasser*
- *1 Esslöffel Honig (optional)*

Zubereitung:

Geben Sie die getrockneten Früchte in eine Schüssel, fügen Sie das Wasser hinzu und lassen Sie es über Nacht einweichen. Entfernen Sie es dann mit einem Sieb und spülen Sie es mit viel Wasser ab, wobei Sie das Einweichwasser beiseitestellen. Geben Sie die getrockneten Früchte in einen Mixer und fügen Sie nach dem Filtern das Einweichwasser hinzu. Wenn Sie möchten, können Sie einen Esslöffel Honig hinzufügen, bevor Sie eine Minute lang bei maximaler Leistung mixen.

Legen Sie ein Tuch über eine Schüssel und gießen Sie die Flüssigkeit hinein. Filtern Sie die gesamte Flüssigkeit, indem Sie das Tuch ausdrücken, gießen Sie es dann in eine Flasche und bewahren Sie sie bis zu 5 Tage im Kühlschrank auf.

Was kann das Kind tun: Messen und mischen der Zutaten, drücken, um die gefilterte Flüssigkeit zu extrahieren.

9. Joghurt

Zubereitung: 10 min. + 16 Stunden | Kochzeit: 5 min. | Portionen: 6

Zutaten:

- *1 Liter Vollmilch*
- *125 g griechischer Joghurt oder ein Beutel Milchfermente*

Zubereitung:

Gießen Sie die Milch in einen Topf und erhitzen Sie sie, bis sie eine Temperatur von 45°C erreicht. Währenddessen den griechischen Joghurt in eine Schüssel geben und, sobald die Milch die Temperatur erreicht hat, eine Tasse davon in den Joghurt gießen. Mit einem Schneebesen gut mischen, bis sich die Klumpen auflösen, dann die Mischung in die Pfanne mit der Milch gießen und mischen. Alles in ein Glas mit Deckel oder in eine große Schüssel geben, die mit Plastikfolie bedeckt ist. Decken Sie das Glas oder die Schüssel mit einem Geschirrtuch ab und befestigen Sie es mit einem Gummiband. Weiter mit einer Wolldecke abdecken und im Backofen bei einer Temperatur zwischen 25 und 35 °C ca. 12 Stunden ruhen lassen. Stellen Sie den Joghurt nach 12 Stunden in den Kühlschrank und lassen Sie ihn mindestens 4 Stunden abkühlen, bevor Sie ihn öffnen und servieren.

Was kann das Kind tun: Milch und Joghurt verrühren.

10. Fladen

Zubereitung: 30 min. + 2 Stunden | Backzeit: 25 min. | Portionen: 9
Zutaten:

- *125 ml warmes Wasser*
- *125 ml warme Milch*
- *4 g dehydrierte Bierhefe*
- *1 TL Zucker*
- *½ Esslöffel Salz*
- *50 g natives Olivenöl*
- *200 g Manitoba-Mehl*
- *200 g Mehl 00*

Zubereitung:
In einer Schüssel Mehl, Hefe und Zucker mischen.
In eine anderen Schüssel Wasser, Öl, Milch und Salz geben und mischen. Die Mehlmischung nach und nach dazugeben und mit einer Gabel vermengen. Wenn der Teig Konsistenz annimmt, geben Sie ihn auf die bemehlte Arbeitsfläche und kneten Sie mit den Händen weiter, fügen Sie gegebenenfalls Mehl hinzu. Kräftig arbeiten, bis ein glatter, homogener und elastischer Teig entsteht. Zu einer Kugel formen und mit Frischhaltefolie und einem Geschirrtuch abdecken und ca. 40 Minuten ruhen lassen. In der Zwischenzeit ein Backblech mit Pergamentpapier auslegen.
Den Teig mit einem Nudelholz etwa einen halben cm dick ausrollen. Mit einem Ausstecher mit 12 cm Durchmesser (oder einem Glas oder einer Tasse) 9 Scheiben formen. Legen Sie die Teigscheiben auf das Backblech, decken Sie sie mit Frischhaltefolie ab und lassen Sie sie etwa 1,5 Stunden gehen.
Backofen auf 180°C statisch vorheizen. Nach Ablauf der Gehzeit die Folie entfernen und mit den Fingern auf die Scheiben drücken, sodass 5-6 Vertiefungen entstehen. Mit feinem Salz bestreuen und die Fladen 20-25 Minuten im Ofen backen. Nehmen Sie die Fladen aus dem Ofen und befeuchten Sie die Oberfläche, solange sie noch heiß sind, mit einem Pinsel mit Wasser.
Was kann das Kind tun: Mehle abmessen und mischen, Flüssigkeiten umfüllen, kneten, Scheiben formen und bestreichen.

11. Milchbrötchen

Zubereitung: 20 min. + 2 Stunden und 40 min. | Backzeit: 15 min. | Portionen: 30

Zutaten:

- *500 g Manitoba-Mehl*
- *300ml Vollmilch*
- *50 g Butter*
- *50g Zucker*
- *10 g frische Bierhefe (oder 3 g trockene Bierhefe)*
- *7g Salz*
- *1 Eigelb*

Zubereitung:

Die Milch leicht auf 37° erhitzen und den Zucker und die zerbröckelte Bierhefe darin unter Rühren mit einem Teelöffel auflösen.

Butter schmelzen und abkühlen lassen.

Das gesamte Manitoba-Mehl in eine Schüssel geben und ein Loch in die Mitte machen. Die gesamte Milchmischung nach und nach dazugeben und mit einer Gabel verrühren. Geschmolzene Butter und Salz dazugeben und mit der Gabel weiter rühren. Wenn der Teig Konsistenz annimmt, geben Sie ihn auf die bemehlte Arbeitsfläche und kneten Sie mit den Händen weiter, bis Sie einen homogenen Teig erhalten. Decken Sie die Schüssel mit Frischhaltefolie und einem Baumwolltuch ab und lassen Sie den Teig etwa 2 Stunden ruhen, bis sich das Volumen verdoppelt hat.

Ein Backblech mit Pergamentpapier auslegen. Nach der Gehzeit den Teig in 30 Teile teilen, Kugeln formen und auf die Pfanne legen. Die Kugeln mit einem sauberen Tuch abdecken und weitere 40 Minuten gehen lassen.

Backofen auf 180 °C vorheizen. Alle Milchbrötchen mit dem verquirlten Eigelb bestreichen und 15 Minuten backen. Lassen Sie sie vollständig abkühlen, bevor Sie sie halbieren und füllen.

Was kann das Kind tun: Zutaten abmessen und mischen, kneten, Kugeln formen, Eigelb vom Eiweiß trennen, Brötchen damit bestreichen.

12. Fruchtzwerge

Zubereitung: 5 min. + 15 min. | Portionen: 3
Zutaten:

- *60 g frischer fettarmer Joghurt*
- *120 g frischer Streichkäse*
- *3 Teelöffel Honig*
- *1 Banane*
- *3 Aprikosen*
- *6 Erdbeeren*

Zubereitung:
Mischen Sie die Früchte separat und geben Sie sie in drei verschiedene Schalen. 20 g Joghurt, 40 g Frischkäse und 1 Teelöffel Honig in jede Schüssel geben. Mischen Sie den Inhalt jeder Schüssel und stellen Sie die Schüsseln dann für mindestens 15 Minuten in den Kühlschrank, bevor Sie sie genießen.
Was kann das Kind tun: Obst putzen und schneiden, Joghurt und Käse abmessen.

Ab 3 Jahren

13. Pfannkuchen

Zubereitung: 5 min. | Kochzeit: 50 min. | Portionen: 10
Zutaten:

- *25cl Gemüsegetränk*
- *2 Esslöffel Hefe*
- *1 Esslöffel Zitronensaft*
- *150 g Dinkelmehl*
- *1 Esslöffel Maisstärke*
- *1 Prise Salz*
- *2 Esslöffel Ahornsirup*

Zubereitung:

Geben Sie den Gemüsedrink, den Zitronensaft und das Backpulver in eine Schüssel. Mischen und 10 min ruhen lassen.

In einer anderen Schüssel Mehl, Stärke und Salz mischen. Die flüssige Mischung und den Ahornsirup hinzufügen und mischen.

Die Pfanne erhitzen und leicht einfetten, dann 2 Esslöffel Teig hineingießen und ca. 2 Minuten backen. Wenn sich Blasen bilden, den Pfannkuchen wenden und weitere 2 Minuten auf der anderen Seite backen. Sofort mit Ahornsirup, frischem Obst, Aufstrich oder Kompott servieren.

Was kann das Kind tun: Die Zutaten abmessen und mischen, die Pfannkuchen einfüllen und die Sahne verteilen.

14. Milchbrötchen mit Schokoladenstückchen

Zubereitung: 15 min. + 2 Stunden und 30 min| Backzeit: 25 min. | Portionen: 25

Zutaten:

- *100ml warmes Wasser*
- *15 g Bierhefe*
- *1 Esslöffel Honig*
- *600g Mehl*
- *150ml warme Milch*
- *60 g Sonnenblumenöl*
- *120g Zucker*
- *1 Ei*
- *1 Vanillin-Tüte*
- *100 g dunkle Schokoladenstückchen*

Zubereitung:

Geben Sie das warme Wasser in eine Schüssel und zerbröseln Sie die Bierhefe. Fügen Sie den Löffel Honig und 100 g Mehl hinzu und mischen Sie alles gut. 15 Minuten ruhen lassen.

Nach der Ruhezeit die warme Milch, Sonnenblumenöl, Zucker, Ei und 1 Päckchen Vanillin dazugeben und gut verrühren. Dann das restliche Mehl

nach und nach dazugeben und zum Schluss die Zartbitterschokoladen-stückchen. Den Teig auf die Arbeitsfläche geben und mit den Händen kneten, bis er homogen wird.
Den Teig in eine Schüssel geben und ein Kreuz eingravieren; Mit Frischhaltefolie und einem Tuch abdecken und 2 Stunden gehen lassen, bis sich das Volumen verdoppelt hat.
Zwei Backbleche mit Backpapier auslegen und den Backofen auf 180°C vorheizen. Nach Ablauf der Gehzeit den Teig aufnehmen und einige Minuten mit den Händen kneten. Den Teig in 25 Portionen teilen und zu Kugeln formen. Die Milchbrötchen mit Abstand auf dem Backblech verteilen, mit Frischhaltefolie abdecken und weitere 30 Minuten gehen lassen. 25 Minuten in einem statischen Ofen backen.
Kleine Stücke vom Teig lösen und Kugeln formen, die auf die Bleche gelegt werden (nicht zu eng, da sie im Ofen wachsen). Mit Frischhaltefolie abdecken und weitere 30 Minuten gehen lassen. 25 Minuten backen und vor dem Genuss abkühlen lassen.
Was kann das Kind tun: Zutaten abwiegen, mischen, kneten, zu Kugeln formen.

15. *Frische Fruchtspieße*

Zubereitung: 5 min. | Portionen: 6
Zutaten:

- *½ Wassermelone*
- *1 Melone*
- *Trauben, Himbeeren, Brombeeren, Erdbeeren usw.*

Zubereitung:
Das frische Obst waschen und in Würfel schneiden. Die Melone halbieren und die Kerne entfernen. Machen Sie mit einem Melonenlöffel die Melonen und Wassermelonenbällchen und geben Sie sie in kleine Schalen. Bereiten Sie die Spieße vor, indem Sie die Farben der Früchte kombinieren.
Was kann das Kind tun: Obst waschen und schneiden, Melone leeren, Spieße vorbereiten.

16. Müsliriegel

Zubereitung: 15 min. | Portionen: 9

Zutaten:

- *1 Tasse Haferflocken*
- *1 ½ Tasse gepuffter Quinoa*
- *2 Esslöffel Chiasamen*
- *1/3 Tasse Kokosflocken*
- *1 Prise Salz*
- *¼ Tasse gehackte Haselnüsse*
- *½ Tasse weiche Datteln entkernt und in Stücke geschnitten*
- *1/3 Tasse Cashew- oder Mandelbutter*
- *¼ Tasse Honig*
- *2 Esslöffel Kokosöl*
- *1 Esslöffel Vanilleextrakt*
- *5 Esslöffel Wasser*
- *2 dunkle Schokolade*

Zubereitung:

Die ersten 7 Zutaten in eine Schüssel geben und vermischen.

Die Cashewbutter in einem Topf erhitzen, dann Zucker, Vanilleextrakt und Wasser hinzugeben und gut vermischen. Wenn die Mischung homogen ist, geben Sie diese in die Schüssel und vermischen Sie sie.

Eine 15 x 20 cm große Blechform mit Backpapier auslegen und die Mischung hineingießen und gleichmäßig verteilen. Das Blech für 15 Minuten in den Gefrierschrank stellen, dann herausnehmen und 9 Riegel schneiden. Das Blech für 1 Stunde in den Kühlschrank stellen. Die dunkle Schokolade in einem Wasserbad schmelzen, dann eine Seite des Riegels in die Schokolade tauchen. Drehen Sie den Riegel um und legen Sie ihn auf ein Backblech oder Tablett. Vor dem Genuss 15 Minuten im Kühlschrank ruhen lassen.

Was kann das Kind tun: Zutaten abmessen und mischen, Mischung in dem Blech verteilen.

17. Pfirsichsaft

Zubereitung: 15 min. | Kochzeit: 25 min. | Portionen: 2 L

Zutaten:

- *1 kg reife Pfirsiche*
- *300 g Zucker*
- *1 Liter Wasser*
- *1 Zitronensaft*

Zubereitung:

Wählen Sie reife Pfirsiche aus, waschen Sie sie, schälen Sie sie, schneiden Sie sie in Stücke und legen Sie sie in einer Schüssel beiseite.

Wasser und Zucker in einen großen Topf geben und bei mittlerer Hitze kochen, bis sich der Zucker vollständig aufgelöst hat. Fügen Sie die gehackten Pfirsiche hinzu und kochen Sie 3 Minuten. Den Zitronensaft hinzufügen und nach dem Kochen vom Herd nehmen und mit dem Mixer pürieren, bis die Mischung vollständig flüssig ist.

Den kochenden Saft in saubere und getrocknete Glasflaschen abfüllen. Mit neuen Deckeln verschließen und vollständig abkühlen lassen, bevor sie in den Kühlschrank gestellt werden. Verbrauchen Sie den Fruchtsaft innerhalb einer Woche.

Was kann das Kind tun: Zutaten abwiegen und mischen, Pfirsiche waschen und schneiden.

18. Gnocchi

Zubereitung: 30 min. | Kochzeit: 30 min. | Portionen: 4

Zutaten:

- *600 g mehlige Kartoffeln*
- *150 g Mehl*
- *1 Eigelb*
- *Salz und Pfeffer*

Zubereitung:

Kartoffeln schälen und 25-30 Minuten dämpfen. Sobald sie gekocht sind, zerdrücken Sie sie mit einem Kartoffelstampfer. Die Hälfte des Mehls, eine Prise Salz und Pfeffer hinzufügen und mit einer Gabel vermischen. Das restliche Mehl und Eigelb nach und nach dazugeben und kneten, bis eine weiche Kugel entsteht.

Den Teig auf der bemehlten Arbeitsfläche in 4 Portionen teilen und zu langen, 2 cm dicken Zylindern formen. Die Zylinder in 2 cm große Stücke schneiden und die Zinken einer Gabel seitlich aufdrücken.

Einen Topf mit reichlich gesalzenem Wasser zum Kochen bringen und die Gnocchi hineingeben. Wenn sie an die Oberfläche kommen, entfernen Sie sie mit einer Schaumkelle und richten Sie sie mit der Sauce Ihrer Wahl an. *Was kann das Kind tun:* Kartoffeln schälen, mit einem Kartoffelstampfer zerstampfen, Zutaten abmessen und vermischen, Eiweiß vom Eigelb trennen, kneten, Teig schneiden und mit einer Gabel Gnocchi formen.

19. Cremige Polenta

Zubereitung: 5 min. | Kochzeit: 10 min. | Portionen: 4
Zutaten:

- *200 g vorgekochte Polenta*
- *60cl Wasser*
- *25cl Milch*
- *1/2 Brühwürfel (Gemüse oder Huhn)*
- *50 g geriebener Käse*
- *Salz und Pfeffer*

Zubereitung:
Wasser, Milch und Brühwürfel in einen Topf geben und zum Kochen bringen. Polenta dazugeben, mit einem Holzlöffel umrühren und bei mittlerer Hitze für die auf der Packung angegebene Zeit kochen, dabei gelegentlich umrühren. Wenn sich die Polenta vom Rand löst, den Käse hinzugeben und mit dem Holzlöffel mischen, um ihn einzuarbeiten. Mit Salz und Pfeffer würzen und sofort servieren.
Was kann das Kind tun: Abmessen der Zutaten und reiben des Käses.

20. Gebackener Kabeljau

Zubereitung: 15 min. | Backzeit: 17 min. | Portionen: 4
Zutaten:

- *2 Kabeljaufilets*
- *2 Knoblauchzehen*
- *2 Zitronen*
- *Ein paar Basilikumblätter*
- *2 Zweige Kirschtomaten*
- *Olivenöl*

Zubereitung:
Backofen auf 180°C vorheizen und ein Backblech mit Backpapier auslegen. Die Kabeljaufilets auf dem vorbereiteten Backblech anrichten.

Zitronen waschen und in Scheiben schneiden; Kirschtomaten waschen; Knoblauch schälen und hacken. Zitronenscheiben, gehackten Knoblauch, Basilikumblätter und Kirschtomaten auf das Blech geben. Mit etwas Salz und einem Spritzer Olivenöl würzen und im Ofen ca. 17 Minuten backen. *Was kann das Kind tun:* Gemüse waschen, Zutaten in dem Blech anrichten.

21. Kartoffelpüree

Zubereitung: 20 min. | Kochzeit: 60 min. | Portionen: 4

Zutaten:

- *1 kg mehlige gelbe Kartoffeln*
- *200 g Vollmilch*
- *30 g Butter*
- *30 g Parmigiano Reggiano*
- *Salz*
- *Muskatnuss*

Zubereitung:

Den Parmesankäse mit einer Reibe reiben und beiseite stellen. Die Kartoffeln 35-40 Minuten kochen. Durch das Einführen einer Gabel, können Sie feststellen, ob sie weich sind. Lassen Sie sie abtropfen und abkühlen, bevor Sie sie schälen. In der Zwischenzeit die Milch in einem Topf erhitzen.

Die Kartoffeln mit einem Kartoffelstampfer zerstampfen und das Mus in einen Topf geben. Mit einer Prise Salz und Muskat abschmecken. Gießen Sie die heiße Milch ein und kochen Sie sie bei schwacher Hitze unter Rühren mit einem Schneebesen, bis sie vollständig absorbiert ist. Den Herd ausschalten und die Butter unter Rühren mit einem Holzlöffel gut verquirlen, zum Schluss den geriebenen Parmesan dazugeben.

Was kann das Kind tun: Den Parmesankäse reiben, die Kartoffeln stampfen, die Zutaten abwiegen und mischen.

22. Putenfleischbällchen

Zubereitung: 10 min. | Kochzeit: 30 min. | Portionen: 3-4

Zutaten:

- *400 g Putenhackfleisch*
- *100 g Ricotta*
- *½ Glas Milch*
- *1 Ei (optional)*
- *1 Teelöffel Salz*
- *Ingwer und süßes Paprikapulver*
- *Natives Olivenöl*
- *1 Knoblauchzehe*
- *Semmelmehl*

Zubereitung:

Putenhackfleisch, Salz, Ingwer, Paprika, Milch, Ricotta und Ei in eine Schüssel geben und mit einer Gabel vermischen. Die Semmelbrösel nach und nach hinzugeben und mischen, bis die Masse verarbeitbar ist. Frikadellen formen. In einer Pfanne einen Spritzer Öl und eine Knoblauchzehe erhitzen. Fügen Sie die Fleischbällchen hinzu und braten Sie sie bei schwacher Hitze etwa 30 Minuten lang. Die Frikadellen zusammen mit einer Gemüsebeilage servieren. *Was kann das Kind tun:* Messen und mischen der Zutaten und formen der Fleischbällchen.

23. Spinatbällchen

Zubereitung: 10 min. | Kochzeit: 30 min. | Portionen: 3

Zutaten:

- *200 g gekochter und gepresster Spinat*
- *250 g Ricotta*
- *1 Ei*
- *20 g geriebener Parmesan*
- *1 Prise Salz*
- *Muskatnuss*
- *100 g Semmelbrösel*
- *100 g Mozzarella für Pizza*

Zubereitung:

Den Ricotta in eine Schüssel geben und mit einer Gabel zerdrücken. Den gekochten und gut gepressten Spinat, das Ei, den Parmesan, eine Prise Muskatnuss und Salz hinzugeben und gut verrühren, bis die Masse homogen ist. Die Semmelbrösel nach und nach dazugeben und weiter rühren.

Den Mozzarella in Würfel schneiden und die Semmelbrösel auf einen flachen Teller geben. Mit den Händen etwas Teig nehmen und zu Kugeln formen. Zerdrücken Sie sie, um eine Scheibe zu formen, legen Sie zwei oder drei Mozzarellawürfel hinein und schließen Sie sie, um Bällchen zu formen. Machen Sie 12 Fleischbällchen, tauchen Sie sie dann in die Semmelbrösel und legen Sie sie auf einen leeren Teller.

Backofen auf 190 °C Umluft vorheizen. Ein Backblech mit etwas Öl einfetten und dann die Frikadellen anrichten. 20 Minuten garen, nach der Hälfte der Garzeit einmal wenden. Alternativ können Sie die Frikadellen braten.

Was kann das Kind tun: Abwiegen und mischen der Zutaten, öffnen des Ei, Reiben des käse, Formen der Frikadellen.

24. Gesalzene Pfannkuchen

Zubereitung: 15 min. | Kochzeit: 30 min. | Portionen: 3-4

Zutaten:

- *2 Eier*
- *2 Teelöffel Zucker*
- *1 Teelöffel Salz*
- *3 Esslöffel Sonnenblumenöl*
- *250ml Milch*
- *2 Teelöffel Backpulver*
- *300 g Mehl 00*
- *mit Frankfurter, Karotten, Oliven, Erbsen, Paprika, Tomaten usw. dekorieren*

Zubereitung:

Die Zutaten zum Dekorieren kochen und beiseitestellen.

In einer Schüssel die Eier aufschlagen, Zucker und Salz hinzufügen und mit einem elektrischen Mixer verquirlen. Milch, Öl und Mehl nach und nach zugeben und weiterschlagen; Zum Schluss die Hefe hinzugeben.

Fetten Sie eine beschichtete Pfanne mit einem Spritzer Öl oder etwas Butter ein und gießen Sie einen großzügigen Löffel Teig hinein. Sobald es anfängt einzudicken, sofort die Augen (z. B. mit zwei Scheiben Wurst oder Oliven) und den Mund (mit einer Scheibe Paprika) gestalten. Den Pfannkuchen wenden und auf der anderen Seite ein paar Minuten backen.

Übertragen Sie den Pfannkuchen auf einen Teller und dekorieren Sie ihn weiter, indem Sie Nase, Haare und Augenbrauen formen. Sie können eine halbe Tomate für die Nase und geriebene Karotten oder Erbsen für die Haare verwenden. Lassen Sie der Fantasie Ihres Kindes freien Lauf, indem Sie es seine Pfannkuchen dekorieren lassen.

Was kann das Kind tun: Wiegen und Mischen der Zutaten, Raspeln der Karotten, das Ei aufschlagen und die Pfannkuchen dekorieren.

25. *Nudeln mit Käseecken*

Zubereitung: 2 min. | Kochzeit: 10 min. | Portionen: 1

Zutaten:

- *50 g Nudeln (Penne, Farfalle oder Risoni)*
- *1 Käseecke*
- *1 Esslöffel Nudelkochwasser*
- *1 Esslöffel geriebener Parmesan*

Zubereitung:

In einem Topf das Wasser zum Kochen bringen. Fügen Sie das Salz hinzu und geben Sie die Nudeln hinzu. In der Zwischenzeit Käse, Parmesan und einen Esslöffel Nudelkochwasser auf einen Teller geben und gut vermischen. Die Nudeln abgießen und zusammen mit den anderen Zutaten auf dem Teller verrühren.

Was kann das Kind tun: Messen und mischen der Zutaten.

26. *Gebackene Fischkoteletts*

Zubereitung: 2 min. | Backzeit: 10 min. | Portionen: 1

Zutaten:

- *1 Fischfilet nach Wahl*
- *50 g Semmelbrösel*
- *1 Esslöffel geriebener Parmesankäse*
- *1 Zweig Petersilie*
- *Natives Olivenöl*
- *Knoblauch (optional)*

Zubereitung:

Ein Backblech mit Backpapier auslegen und den Ofen auf 180°C vorheizen. Den Knoblauchkern entfernen und sehr fein hacken. Die Petersilie ebenfalls hacken und den Parmesankäse reiben. Die Semmelbrösel, den Parmesankäse, die Petersilie und den gehackten Knoblauch, das Öl in eine Schüssel geben und gut vermischen. Das Fischfilet in der Panade wenden und mit den Händen gut andrücken, damit es daran haften bleibt. Die Fischfilets auf der vorbereiteten

Pfanne anrichten und die restliche Panade darüber geben. Die Fischkoteletts mit einem Spritzer nativem Olivenöl beträufeln und etwa 20 Minuten im Ofen garen. Für mehr Knusprigkeit den Grill in den letzten 5 Minuten der Garzeit einschalten.

Was kann das Kind tun: Messen und mischen der Zutaten und panieren des Fisches.

27. Nudeln mit Pesto

Zubereitung: 15 min. | Kochzeit: 10 min. | Portionen: 4

Zutaten:

- *360 g Nudeln (Penne, Farfalle, Tortiglioni)*
- *60 g Basilikum*
- *100 ml natives Olivenöl extra*
- *6 Esslöffel 36 Monate alter Parmigiano Reggiano*
- *2 Esslöffel Pecorino*
- *30 g Pinienkerne*
- *2 Knoblauchzehen*
- *1 Prise grobes Salz*

Zubereitung:

Kochen Sie einen Topf mit Wasser. Wenn es kocht, fügen Sie das Salz und die Nudeln hinzu und kochen Sie für die auf der Packung angegebene Zeit.

In der Zwischenzeit die Basilikumblätter waschen, trocknen und zusammen mit dem groben Salz in den Mörser geben. Mit kreisenden Bewegungen zerstampfen, dann die restlichen Zutaten hinzufügen und weiter schlagen, bis eine Creme entsteht.

Nudeln abgießen, in eine Schüssel geben und mit reichlich Pesto würzen. *Was kann das Kind tun:* Zutaten abmessen, Pesto mit Mörser und Stößel zubereiten.

28. Hühnerschnitzel im Ofen

Zubereitung: 10 min. | Backzeit: 25 min. | Portionen: 4

Zutaten:

- *4 Scheiben Hähnchenbrust*
- *200 g Semmelbrösel*
- *100 g Parmigiano Reggiano*
- *1 Knoblauchzehe*
- *Petersilie*
- *½ Glas natives Olivenöl*
- *Salz*
- *Pfeffer*
- *Milch*
- *Mehl*
- *1 Ei*

Zubereitung:
Backofen auf 200 °C vorheizen und ein Backblech mit Backpapier auslegen.
Den Knoblauchkern entfernen, sehr fein hacken und in eine Schüssel geben. Die Petersilie ebenfalls hacken, den Parmesankäse reiben und in die Schüssel geben, die Semmelbrösel, eine Prise Salz und das Öl dazugeben und gut vermischen.
Die Hähnchenbruststreifen einige Minuten in Milch einweichen lassen. In einem anderen Teller das Ei mit einer Gabel schlagen. Die Hähnchenbrustscheiben abtropfen lassen und zuerst in das Mehl, dann in das Ei und schließlich in die Panade geben und mit den Händen gut andrücken, damit sie haften bleiben. Die Koteletts auf dem vorbereiteten Blech anrichten, mit etwas Olivenöl beträufeln und 25 Minuten im Ofen backen, bis sie die gewünschte Knusprigkeit erreichen.
Was kann das Kind tun: Messen und mischen der Zutaten, das Ei aufschlagen, das Huhn panieren.

29. Gemüsefrikadellen

Zubereitung: 15 min. | Kochzeit: 45 min. | Portionen: 4

Zutaten:

- *400 g Zucchini*
- *200 g Karotten*
- *3 Esslöffel Parmigiano Reggiano DOP*
- *50 g Brot*
- *Milch nach Geschmack*
- *1 Ei*
- *Olivenöl extra Vergine*

Zubereitung:

Die Zucchini waschen, die Möhren schälen und bei beiden die Enden entfernen. Das Gemüse mit einer Tasse Wasser etwa 25 Minuten dämpfen. Wenn sie weich sind, abtropfen lassen, in Stücke schneiden. Das Gemüse in eine Schüssel umfüllen.

Befeuchten Sie das Brot mit Milch und drücken Sie es sehr gut aus, bevor Sie es in die Schüssel mit dem Gemüse geben. Das Ei, den geriebenen Parmesankäse und eine Prise Salz dazugeben und mit den Händen gut verrühren, bis die Masse homogen ist. Formen Sie Fleischbällchen oder alternativ können Sie auch Burger formen, indem Sie mehr Teig nehmen und ihn zu einer Scheibe zerdrücken.

Erhitzen Sie eine beschichtete Pfanne mit etwas nativem Olivenöl und braten Sie die Fleischbällchen oder den Burger 10 Minuten lang auf jeder Seite, um eine Kruste zu bilden.

Was kann das Kind tun: Wiegen und mischen der Zutaten, das Ei öffnen, den Käse reiben, die Frikadellen machen.

30. Wurst und Ofenkartoffeln

Zubereitung: 10 min. | Backzeit: 45 min. | Portionen: 4

Zutaten:

- *800 g Wurst*
- *500 g Kartoffeln*
- *2 Knoblauchzehen ohne Kern*
- *3 EL Semmelmehl*
- *2 Zweige Rosmarin*
- *Eine Prise Salz*

Zubereitung:

Backofen auf 200 °C vorheizen.

Die Kartoffeln schälen und in nicht zu große Keile oder Stücke schneiden.

Die Wurst in Stücke schneiden und mit den Kartoffeln, Knoblauchzehen, Salz, Rosmarin und Paniermehl in eine Schüssel geben. Mischen Sie alles, um die Aromen zu mischen. Den Inhalt der Schüssel auf ein Backblech geben und etwa 45 Minuten im Ofen garen; nach der Hälfte der Garzeit einmal umrühren. Für das beste Ergebnis können Sie den Grillmodus für die letzten 5 Minuten einstellen.

Was kann das Kind tun: Die Kartoffeln schälen, wiegen und die Zutaten mischen.

31. Muffins mit Joghurt und Schokoladenstückchen

Zubereitung: 10 min. | Backzeit: 20 min. | Portionen: 12

Zutaten:

- *2 Eier*
- *110 g Zucker*
- *50ml Sonnenblumenöl*
- *50ml Milch*
- *125 g weißer Joghurt*
- *250 g Mehl*
- *1/2 Beutel Backpulver (8g)*
- *60 g Schokoladenstückchen*

Zubereitung:

Legen Sie 12 Pappförmchen in eine Muffinform und heizen Sie den Ofen auf 180 ° C im statischen Modus oder 170 ° C mit Umluft vor.

Schlagen Sie die Eier in einer Schüssel auf und verquirlen Sie sie mit einem elektrischen Mixer. Fügen Sie nach und nach Zucker, Öl, Milch und das Joghurtglas hinzu. Mehl und Backpulver hinzugeben und weiter mischen. Zum Schluss die Schokoladenstückchen zu der Masse geben und mit einem Löffel vermischen.

Gießen Sie die Mischung in die Förmchen, füllen Sie sie nicht mehr als ¾ und backen Sie sie 20 Minuten lang. Wenn sie auf der Oberfläche gold-braun sind, die Muffins aus dem Ofen nehmen und abkühlen lassen. Dann mit einem Holzstäbchen entfernen und servieren.

Was kann das Kind tun: Messen und mischen der Zutaten, die Eier aufschlagen und die Mischung in die Förmchen gießen.

32. Mürbeteigplätzchen ohne Butter

Zubereitung: 10 min. | Backzeit: 15 min. | Portionen: 6

Zutaten:

- *Mürbeteig ohne Butter*
- *Haselnusscreme, Marmelade oder Puderzucker*

Zubereitung:

Backofen auf 180°C vorheizen und ein Backblech mit Backpapier auslegen.

Den Teig mit einem Nudelholz ausrollen und mit einem Ausstecher oder einem Glas in Scheiben schneiden. Etwas Haselnusscreme in die Mitte geben und zu einem kleinen „Panzerotto" schließen. Alternativ können Sie Blumenformen mit zwei unterschiedlich großen Formen herstellen.

Die Kekse auf dem vorbereiteten Backblech verteilen und 15 Minuten im Ofen backen.

Wenn Sie die gefüllten Kekse gemacht haben, können Sie diese mit Puderzucker bestreuen; Wenn Sie dagegen die Blumen gemacht haben, geben Sie auf jede große Blume etwas Marmelade und legen Sie die kleineren Blumen darauf.

Was kann das Kind tun: Plätzchen füllen und auf das Backblech legen, mit Puderzucker bestreuen.

33. Margherita-Torte

Zubereitung: 20 min. | Backzeit: 30 min. | Portionen: 6

Zutaten:

- *120 g Mehl 00*
- *120 g Kartoffelstärke*
- *120 g Zucker*
- *50 g Butter oder 40 g Samenöl*
- *3 Eier*
- *3 Eigelb*
- *1 Zitronenschale*
- *Puderzucker*

Zubereitung:

Wenn Sie Butter verwenden, schmelzen Sie sie und lassen Sie diese vollständig abkühlen.

Backofen auf 160 °C Umluft vorheizen und eine Kuchenform mit 22 cm Durchmesser einfetten und bemehlen.

Die drei ganzen Eier in eine Schüssel geben, den Zucker hinzufügen und mit einem elektrischen Rührgerät etwa 10 Minuten schlagen, bis die Masse weißlich und schaumig ist. An diesem Punkt die Eigelbe hinzugeben und weitere 10 Minuten weiterschlagen.

Die abgeriebene Zitronenschale hinzugeben, das 00-Mehl und die Kartoffelstärke sieben und vorsichtig unter die Mischung heben, wobei sie mit einem Teigschaber mit langsamen Aufwärtsbewegungen nach und nach eingearbeitet werden. Fügen Sie an diesem Punkt die geschmolzene Butter oder das Samenöl hinzu.

Gießen Sie die Mischung auf das Blech und ebnen Sie die Oberfläche. In den Ofen stellen und ca. 35 Minuten garen (einen Zahnstocher einführen, um zu sehen, ob es auch innen vollständig gar ist; wenn dieser sauber herauskommt, ist es gar). Den Ofen ausschalten und den Kuchen bei leicht geöffneter Tür darin abkühlen lassen. Den Margherita-Kuchen aus dem Ofen nehmen und vor dem Servieren mit Puderzucker bestreuen.

Was kann das Kind tun: Zutaten wiegen und mischen, Eier öffnen, Pfanne einfetten, Puderzucker darüber streuen.

Schlussfolgerungen

Hiermit sind wir am Ende unseres Ratgebers angelangt. Mein Wunsch ist es, dass er Ihnen helfen kann, den Verstand Ihres Kindes zu stimulieren und ihm in seiner Entwicklung zu folgen, um es Tag für Tag immer verantwortungsbewusster, unabhängiger und fähiger zu machen, seine eigenen Entscheidungen zu treffen.

Wir haben die Prinzipien analysiert, die der berühmten Montessori-Methode zugrunde liegen, haben gesehen, wie das Kind seine sensorischen Fähigkeiten und Fertigkeiten in den verschiedenen Entwicklungsstadien verbessern kann, und haben seine Bedürfnisse in verschiedenen Altersgruppen untersucht. Wir haben auch die Rolle des Erwachsenen berücksichtigt, insbesondere die der Eltern, angesichts dessen, welche Art von Position sie im Leben des Kindes einnehmen müssen und wie sie ihre Bedürfnisse befriedigen können, ohne auf Bestrafung und Tadel zurückzugreifen.

Wir haben uns dann mit der Praxis befasst und versuchten zunächst zu verstehen, wie die verschiedenen Räume des Hauses organisiert werden sollten, wobei immer die Prinzipien der Montessori-Methode respektiert werden, bis hin zu den unterschiedlichen Stimulations-, praktischen Lebens-, Sinnes- und Entwicklungsaktivitäten, die nach Altersgruppen unterteilt sind. Letztendlich haben wir einige unterhaltsame Outdoor-Aktivitäten vorgeschlagen und unseren Leitfaden mit über 30 köstlichen Rezepten abgeschlossen, die Sie zusammen mit Ihrem Kind zubereiten können, um es einzubeziehen und seine Sinne und Fähigkeiten weiterzuentwickeln.

Abschließend können wir sagen, dass die Montessori-Methode keine einfache pädagogische Methode ist und nichts mit schulischen Bildungssystemen zu tun hat. Es ist ein echter Lebensstil, der jedes Kind darauf vorbereitet, ein verantwortungsbewusster Erwachsener zu sein, indem es seine Grenzen herausfordert, um die beste Version seiner selbst zu sein.

Nun haben Sie alle Werkzeuge, die Sie brauchen, um das Potenzial Ihres Kindes freizusetzen und seine Entwicklung auf positive und konstruktive Weise zu fördern! Helfen Sie ihm, es selbst zu tun! Erlauben Sie ihm, die Umgebung um sich herum zu erfahren, mit seinen eigenen Händen zu arbeiten und aus seinen Fehlern zu lernen. Nur so werden sie zu einem verantwortungsvollen Erwachsenen heranwachsen, der sich seiner selbst und seiner Fähigkeiten sicher ist und sensibel für andere und andere Lebensformen ist.

Wir können Sie nicht gehen lassen, ohne zuerst über eine wunderschöne Überlegung der Muse dieses Leitfadens, Maria Montessori, nachzudenken:

«Durch diese Umgebungserfahrung in Form eines Spiels untersucht es [das Kind] die Dinge und Eindrücke, die es in seinem Unterbewusstsein empfängt. Durch die Arbeit wird er bewusster und baut

den Menschen auf. Das Kind wird von einer geheimnisvollen, wunderbar großen Macht geleitet, die es allmählich verkörpert; so wird es Mensch und das durch seine Hände, durch seine Erfahrung: zuerst durch das Spiel und dann durch die Arbeit. Hände sind das Werkzeug der menschlichen Intelligenz. Durch diese Erfahrungen nimmt das Kind eine definierte und damit begrenzte Form an, da das Bewusstsein begrenzter ist als Unbewusstes und Unterbewusstes». [27]

Mütter und Väter, geben Sie Ihren Kindern Würde, behandeln Sie sie mit Respekt und hören Sie vor allem nie auf, ihre Rechte zu verteidigen, insbesondere das Recht auf Freiheit!

Ich hoffe, dass dieses Buch für Sie nützlich war und dass es Ihr "Reisebegleiter" sein wird, während Sie Ihrem Baby beim Wachsen folgen.

Hat Ihnen das Buch gefallen?

Ich hoffe sehr!

Ich bemühe mich sehr, qualitativ hochwertige Inhalte bereitzustellen, *aber ich brauche Ihre Hilfe, um zu wachsen*. Ihr Beitrag macht wirklich einen Unterschied; *er ist mir sehr wichtig*!

Bitte, wenn Sie dieses Buch nützlich fanden und es mochten, hinterlassen Sie eine Rezension auf Amazon, *ich würde mich sehr darüber freuen*. Mit Ihrer Hilfe kann ich die Sichtbarkeit des Buches erhöhen und *vielen anderen Menschen helfen*.

Vielen Dank!! - *Serena De Micheli*

[27] M. MONTESSORI, *La mente del bambino*, Garzanti, Mailand, 1952, 27.

Bibliographie

LILLARD A.S., *Montessori: The science behind the genius*, New York, Oxford University Press, 2005.

MONTESSORI M., *Formazione dell'uomo*, Garzanti, Mailand, 1949.

MONTESSORI M., *Il Metodo della Pedagogia Scientifica applicato all'educazione infantile nelle Case dei Bambini*, Edizioni Opera Nazionale Montessori, Rom, 2000.

MONTESSORI M., *Il segreto dell'infanzia*, Garzanti, Mailand, 1950.

MONTESSORI M., *La mente del bambino*, Garzanti, Mailand, 1952.

MONTESSORI M., *La scoperta del bambino*, Garzanti, Mailand, 1970.

MONTESSORI M., *Educare alla libertà*, Laterza, Bari, 1950.

MONTESSORI M., *Educazione e pace*, Opera Nazionale Montessori, Rom, 2004.

Sitographie

LILLARD A.S. - ELSE N. - QUEST, *The early years: evaluating Montessori Method, Science,* (2006), 313, 1893 in http://www.sciencemag.org/cgi/content/full/313/5795/1893.

METODO MONTESSORI, in https://www.metodomontessori.it/.

BIJNENS E.M. - DEROM C. – THIERY E. WEYERS S. – NAWROT T.S., *Residential green space and child intelligence and behavior across urban, suburban, and rural areas in Belgium: A longitudinal birth cohort study of twins, Plos Medicine,* 18 August 2020, in https://journals.plos.org/plosmedicine/article?id=10.1371/journal.pmed.1003213.

Printed in Poland
by Amazon Fulfillment
Poland Sp. z o.o., Wrocław

20052820R00112